무한한 경계가 주는
뚜렷한 즐거움을
나누고 싶습니다 ~
규림

노는 게 제일 좋아!
노는 게 일이 되고 일하는 게
노는 것에 도움이 되는 삶,
함께 만들어가요.
-숭-

인사이드

일놀놀일

김규림 이승희 지음

웅진 지식하우스

프/롤/로/그

———————

이 책을 함께 쓴 끌(김규림)과 숭(이승희), 저희는 친구이자 동료입니다. 사회에 나와 진정한 친구를 만나는 게 어렵다고들 하지만, 운이 좋게도 저희는 일터에서 만나 친해졌어요. 회사 선후배 사이에서 친한 친구가 되기까지 5년이라는 긴 시간이 걸렸습니다만 지금은 일과 일이 아닌 삶 이야기까지 다양하게 나누는 값진 사이입니다. 동료로 지낸 시간 덕분에 무엇이든 거르거나 생략할 것 없이 거의 모든 내용을 공유할 수 있으니 더 깊은 관계가 되었달까요.

저희 둘은 삶에서 일을 굉장히 중요하게 생각한다는 공통점이 있습니다. 일을 하며 보내는 시간이 9시부터 6시, 평일에 깨어 있는 시간의 절반 이상을 차지하니 중요할 수밖에요. 그 시간 동안 재미있어 보이는 일이라면 덥석 물어 즐기면서 하다가도 머리채를 부여잡고 치열하게 고민하고 울고 웃는 과정들을 함께했습니다. 놀러 가서도 영감을 얻으면 자연스럽게 일로 대화가 이어지곤 했는데, 그런 저희를 보며 주변 친구들이 "또 일 얘기냐?"라며 타박을 한 적도 많았습니다. 이렇게 일터와 일터 아닌 곳에서 다양한 이야기를 나누면서 저희의 취미는 일, 특기도 일임을 깨닫게 되었습니다. 이제는 '일을 재밌게 하는 것'을 조금은 자랑스럽게 여길 수도 있게 되었고요.

일을 그저 밥벌이라고 생각했던 시절이 있었습니다. 그래서 직업이 없는 시기에 누군가 "어떤 일을 하세요?"라고 물으면 어물쩍대기도 했지요. 하지만 지금이라면 같은 질문에 이렇게 답할 것 같습니다. "하고 있는 일이 너무 많아서 딱 하나만 이야기할 수 없을 것 같다"고요.

이제 저희에게 일은 돈을 버는 수단을 넘어서 '나'라는 사람을 만들어주는 모든 활동들입니다. 『왜 일하는가』(다산북스)의 저자 이나모리 가즈오는 일은 곧 매일 수련하는 활동과 같다고 이야기한 바 있습니다. 저희는 거기에 일을 놀이로, 놀이를 일처럼 하는 삶의 태도, '일놀놀일'의 방식을 보태어 이야기하고 싶습니다. 기왕 해야 하는 것, 재미있게 해낼 수 있다면 더할 나위 없이 좋겠다는 마음으로요.

　일일이 다 기억할 수는 없지만, 일하는 게 노는 게 되고 노는 게 일이 되는 '일놀놀일'의 순간이 무수히 많았습니다. 그 순간을 경험하고 나서는 일하는 방식에 있어서 이전으로 돌아갈 수 없다는 것을 알았습니다. 인생의 어떤 중요한 사건들은 삶의 지대한 영향을 미치잖아요. 저희에게 '일놀놀일'이 그랬습니다. 아주 오래전부터 동경하던 브랜드와의 협업을 성사해냈을 때 느꼈던 흥분감, 친구들과 수다를 떨며 노는 것처럼 했던 회의가 주는 즐거운 에너지, 시간 가는 줄 모르고 놀듯이 일에 몰입했던 그런 순간들 말입니다.

　평소같이 일을 하거나 떨어져서 생활하면서 우리가 자주 거론했던 단어들, 깊이 이야기했던 주제들을 되짚어보다가 『일놀놀일』을 쓰게 되었습니다. 규림은 그림으로, 저는 글로 생각 나누기를 좋아해 서로가 좋아하는 방식으로 정리하였습니다. 우리가 중요하게 여기는 가치를 담은 단어를 중심으로 생각을 뻗어나갔습니다. 이 책 또한 놀면서 아이디어를 던지다가 시작한 일이니, '일놀놀일'의 결과라고도 볼 수 있겠네요.

　일을 하다가 힘든 순간이 없었던 적이 없었다고 하면 거짓말

일 것입니다. 비슷한 업무가 반복되어 지루해질 때도, 너무 격렬히 일해서 지칠 때도, 상상하던 방향대로 일이 풀리지 않아 짜증이 솟구칠 때도 있었습니다. 하지만 그런 순간들은 일을 하면서 느낀 성취에 씻겨 내려가거나 잊혔고, 성장통 끝에 늘 뿌듯함이 남았습니다. 저희의 이야기에서 그것이 잘 전해지면 좋겠습니다.

2장. 놀듯이 일하기

일상의 단어들로 생각한 것들

1장

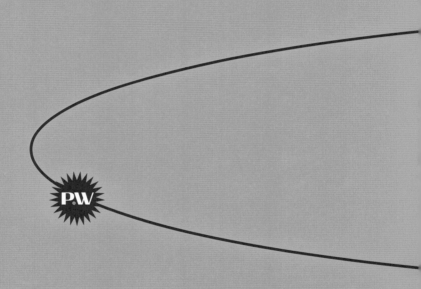

P.W

일터의
단어들로
생각한 것들

일 하 듯 이

놀
기

규칙

리추얼
하시나요?

꿀 정해진 규칙에 얽매이길 좀처럼이도 싫어하는 나.

이게 뭐라!!

규칙 규칙 규칙 규칙

그러나 규칙이 너무 없을 때의 태만함 또한 충분히 경험했기에

ㄹㅋㄹ

규칙과의 공생 협정을 가까스로 맺었다.

방법은 꽤나 간단했다. 누군가 규칙을 만들기 전에

이거 해라. 저거 해라.

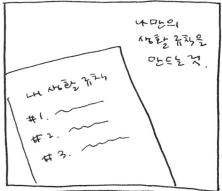

나만의 생활 규칙을 만드는 것.

내 생활 규칙

#1. ～～
#2. ～～
#3. ～～

규칙 규칙 규칙

그건 압박과 제약으로만 느껴진 규칙들이었는데

내가 설정한 삶의 규칙들은 내가 제길 목표로 가는 가이드 역할에 더 가깝다고 느껴졌다.

사실 '규칙'이라고 부르기에도
민망한 사소한 것들이지만...
이를테면,

#규칙1.
일어난 직후 한 시간은
핸드폰 켜지 않기

#규칙2.
중고 거래를 할 때는 짧은
손편지를 함께 써서 넣기

#규칙3.
그날 있었던 일을 하나쯤은
꼭 써두고 자기.

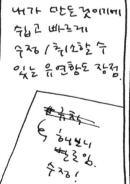

20XX. XX. XX

기다렸던
영화를 봄.

202X. XX. XX

길지 않았지만 깨달음이
컸던 여행.

작은 것들이기에
쉽게 지킬 수 있어
뿌듯함도 있고

오늘도 해냈다 ─

내가 만든 것이기에
쉽고 빠르게
수정/취소할 수
있는 유연함도 장점.

#규칙4
해보니
별로임.
수정!

더 나은 삶을 살고
더 나은 사람이 되고
싶은 나의 마음을
반영한 규칙 만들기는
앞으로도 계속된다...

15

퇴사를 하고 제일 하고 싶었던 것은 늘어지게 자고 놀고 먹는 것이었다. 직장인이라면 한 번쯤 꿈꿔봤을 게으른 백수 생활. 그 생활을 상상하며 호기롭게 퇴사를 했다. 회사에 매여 있던 시간에서 자유로워지면 적어도 내가 생각하는 이상적인 자유에 가까워지리라 생각했다. 그 시간을 나를 위해 온전히 쓸 수 있다면 나는 베스트셀러 작가도 되고, 100만 유튜버도 되고, 영향력 있는 사람이 될 수 있을 것만 같았다. 놀고 먹으며 시간을 창의적으로 소비할 자유가 간절했던 시기였다. 얼마 전 종영한 드라마 <나의 해방일지>에서 이런 직장인의 심경을 잘 표현한 대사가 있다.

"내가 숨 쉬는 거 다음으로 많이 하는 게 시계를 보는 거더라고. 툭 하면 시계를 봐. 계속. (중략) 뭔가 하루를 잘 살아내야 하는 강박은 있는데 제대로 한 건 없고, 계속 시계만 보면서 계속 쫓기는 거야."

직장인에게 시간은 애환이다. 평일에 단짠의 순간을 거듭하다가 금요일 저녁이 되면 해방감에 젖는 게 직장인의 삶 아니던가. 퇴사를 결심할 때 이 루틴에서 얼마간 벗어나 텅 빈 시간을 실컷 누려보자는 마음이었다. 양껏 논 다음에는 뭐라도 되어 있겠지. 그런데 간만에 쉬는 딸에게 아버지가 이런 말씀을 하시는 것이었다.

"회사 생활을 하지 않아도 일상의 리듬이 깨지지 않게 규칙을 잘 만들어놓아야 해."

규칙이라니. 규칙적인 편도 아니거니와 이것은 내가 원하는 퇴사 이후의 모습도 아니었다. '아버지, 저는 잘 놀려고 퇴사한 거예요'라는 말을 삭히며 영혼 없이 고개를 주억거렸다. 그리고 나는 예정대로 착실하고 전형적인 백수가 되었다. 규칙 없는 생활은 짜릿했다.

새벽 서너 시까지 유튜브를 보다가, 정오쯤 느지막이 일어
나서 아침 겸 점심을 먹고 딩가딩가 놀다가, 다시 새벽에 야식
을 우적우적 먹어대며 넷플릭스를 보고 다음 날 다시 해가 중천
에 떠 있을 때 미적미적 일어나는 삶. 그런 삶이 반복됐다. 처음
에는 그런 방만한 생활도 제법 재미있었지만 그리 오래가지 못
했다. 어느 순간 몸에 이상 신호가 온 것이다. 먹으면 위가 아파
왔고, 수면의 질은 떨어졌다. 잠이 오지 않는 날이 늘어갔다. 자
연히 피부는 푸석해졌고, 좀비가 와도 그냥 지나칠 탁한 혈색을
자랑하게 되었다.

건강 검진을 받으러 간 병원에서 '콜레스테롤 수치 높음. 당
뇨 위험'이라는 무서운 경고를 받고 나서야 매일 밤 먹은 야식과
야식을 먹고 바로 자는 패턴, 그리고 불규칙적인 나의 수면 생
활이 아주 빠르게 내 건강을 앗아가고 있다는 것을 깨닫게 되었
다. 회사를 다니며 10년 동안 쌓았던 일상의 균형은 단 4개월 만
에 무너졌다. 문득 퇴사를 하고 본가를 찾았던 날, 아버지가 하
신 말씀이 떠올랐다.

"일상의 규칙을 잘 만들어놓아야 해."

기질적으로 '무계획이 계획'인 'ENFP'형 인간인지라(모든 'EN

FP'가 저와 같지는 않습니다) 하루 단위로 '백수 라이프 갱생 계획'을 세우자니 막막했다. 그래서 압박이 덜하고 느슨해서 지키기 수월한 일상의 규칙을 만들어보기로 했다. 때마침 '리추얼(ritual)' 이라는 개념을 알게 된 시기이기도 했다. 규칙적으로 행하는 의식이나 의례를 뜻하는 리추얼은 세상의 방해로부터 나를 지키는 나만의 의식이자 일상에 활력을 불어넣는 규칙적인 습관을 뜻한다. 『오늘도 리추얼 : 음악, 나에게 선물하는 시간』(위즈덤하우스)에서 작가 정혜윤이 설명하는 것을 읽어보면 쉽게 이해할 수 있다.

> 내게 리추얼이란, 반복적으로 나 자신에게 선물하는 시간을 의미한다. 의식하고 도입할 수도 있지만, 좋아서 이미 자연스럽게 하고 있는 무언가가 될 수도 있다. 이를테면, 마음을 차분하게 하기 위해 따뜻한 차 한잔의 여유를 즐기는 것. 일주일에 한 번 나를 위한 꽃을 사 오는 것. 나를 위한 플레이리스트를 만들어두고, 상황에 맞는 음악을 듣는 것. 음악을 들으며 글을 쓰는 것. 정신없이 빠르게 변화하는 세상에서 리추얼은 나만의 중심을 잡을 수 있도록 도와주는 유용한 도구가 된다.

리추얼과 더불어 루틴(routine)이라는 단어에 대해서도 생각해보았다. 루틴은 리추얼과 달리 어떤 일을 규칙적으로 할 때

순서와 방법을 습관화한 것으로 행동적인 측면에 더 초점을 두는 것 같아 내게는 다소 딱딱하게 느껴졌다. 그래서 의식적인 측면에 집중하는 리추얼을 만들어보기로 했다. 『타이탄의 도구들』(팀 페리스 지음, 토네이도)이라는 책을 보면 자신의 분야에서 정상에 오른 사람들에게서 공통적으로 찾아볼 수 있는 남다른 습관이 있는데, 그중 하나가 잠자리 정리 정돈을 하는 것이다. 매일 아침 잠자리를 정돈한다는 것은 그날의 첫 번째 과업을 실행했다는 뜻이며, 작지만 해냈다는 성취감이 자존감으로 이어지기 때문이라고 한다.

그래서 나도 아침에 일어나자마자 이불을 개는 것을 시작으로 나만의 리추얼을 만들었다. 이불을 개는 것만으로도 기분이 정말 상쾌해졌다. (따라해보시라!) 그러고 나서 물 한잔을 마신다. 그 후 테이블에 앉아 30분 동안 커피나 차를 마시며 책을 가능한 만큼만 읽는다. 어떤 책이든 상관없고 책을 다 읽어야 한다거나 그날에 정해진 분량 따위는 없다. 그냥 그때그때의 기분에 따라 읽고 싶은 책을 읽는다. 우연히 만나는 좋은 문장들은 하루를 힘차게 시작하게 해주는 원동력이 되기도 했다. 책을 읽으면서 아침을 시작하는 것만으로도 오늘 하루 치의 집중력과 성취감이 달라지는 게 느껴졌다. 그리고 식물에 물을 주며 내 주변의 일상을 가꾼다. 나의 아침 리추얼은 이게 전부다. 이불 개고, 물 마시고, 차 마시며 30분 책 읽고, 식물에 물 주기.

나에게 과한 압박을 주는 규칙이 아닌, 일상을 회복할 에너지를 주는 나만의 규칙을 만들면서 더 균형 있는 삶을 얻게 되었다. (친구들은 이런 나를 보고 은퇴한 회장님 같다고 놀리기도 하지만.)

퇴사 후 회사 생활의 압박에서 벗어나고 싶은 마음에 규칙 없이 사는 게 자유라고 여겼지만, 실제로 생활해보니 결국 진정한 자유는 나만의 규칙을 통해 누릴 수 있는 것이었다. 최소한의 규칙으로 나는 자유롭고 건강한 백수가 될 수 있었다.

나에게 과한 압박을 주는
규칙이 아닌, 일상을 회복할
에너지를 주는 나만의 규칙을
만들면서 더 균형 있는
삶을 얻게 되었다.

꼰
대

멘토가 되고 싶나요,
아니면…?

'꼰대'란
단어를 들을 때마다
마음 한편이
무거워지는 건

나도 사실은
꼰대가 아닐가..

남의 이야기 처럼
느껴지지만은
않기 때문일 테다.

꼰대는 스스로
꼰대인 줄
모른다.

젊은 꼰대

30%

저렇게 되진
말아야지.

'꼰대'는
보통
반면교사의
대상이지만,

나는 참 은 좋게도 사회에 나와
'꼰대'란 단어와는 거리가 먼
선배들을 많이 만났다.

그동안은 그게
당연한 줄로만
알았는데

해가 지나 후배들이
생기면서
깨달았다.

2020
2019

피드백을 줄 때,
의견을 들을 때
꼰대 같은 모습이
튀어나오지 않도록
하는 데도 상당한
노력이 필요하단 걸.

← 아무래도
꼰대의 피가 흐르는듯.

24

내 안의 꼴대 같은 마음이 튀어나오려 할 때마다 선배들을 떠올렸다.

난 아무래도 꼴대같네..

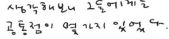

생각해보니 그들에게는 공통점이 몇 가지 있었다.

그게 뭐야? 오, 몰랐는데 대박!!

그래서 어떻게 됐는데?

모르는 것을 부끄러워 하지 않고,

그런데 내가 틀릴 수도 있어ㅋㅋ

제가 틀릴 수도 있으니 알려주세요

늘 자신이 틀릴 수 있다는 걸 전제했고,

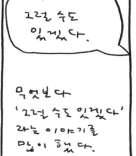

아 ~ 그럴 수도 있겠다.

무엇보다 '그럴 수도 있겠다' 라는 이야기를 많이 했다.

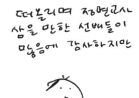

떠올리며 장면교사로 삼을 만한 선배들이 많음에 감사하지만

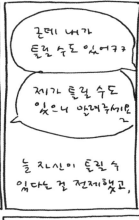

한편으로는 받은 것을 반의반만큼이라도 돌려줄 수 있을지, 마음의 부담으로 다가온다.

같이 가요!

아무래도 열심히 그 길을 따라가 보는 수밖에.

25

우리는 언제부터 '꼰대'라는 말을 쓰게 되었을까? 최근 동료들이나 선배들과 대화를 나눌 때마다 자주 하는 말이 있다.

"꼰대가 될까 봐 이제 무슨 말을 못 하겠어."

나이를 먹고 직급이 올라가면서 우리는(나와 내 동료들), 이제 우리가 한때 소위 꼰대라고 치부했던 대상과 엇비슷한 입장이 되어가고 있다. 원하든 원치 않든 후배들에게 일을 나눠줘야 하고 일을 알려줘야 하는 위치가 되었다. 그러다 보니 말을 할 때 여간 신중해지지 않을 수 없다.

'이렇게 피드백을 해주는 게 맞을까?'

'내가 괜한 오지랖을 부리는 걸까?'

어느 날은 신중해지다 못해 피드백을 줘야 하는 상황에서조
차 꼰대가 되어버릴까 봐 말을 하지 못하는 경우도 있었다. 물
어보는 질문에 답을 주면 멘토, 묻지도 않았는데 먼저 이래라저
래라 하면 꼰대라는 이야기가 있다. 그 이야기를 주워들은 나와
동료들은 꼰대가 되지 않기 위해 묻지 않은 이야기에는 조언이
라고 할지라도 함구하자는 생각을 갖게 된 것 같다. 멘토와 꼰대
사이에서 고민이 점점 깊어진다.

꼰대의 사전적인 의미를 보면, 권위적인 사고방식을 가진 어
른들을 비하하는 은어라고 나온다. 그러나 '권위적인 사고방식'
에서 나온 말이나 행동이 아니었는데도 단지 의견이 다르다는
이유로 꼰대로 치부해버리고 있는 건 아닌지 생각해봐야 한다.
나이 많은 사람의 이야기를 모두 '꼰대의 말'로 일반화해버리면
서 꼭 필요한 조언이나 도움을 놓치고 있는 건 아닐까. 어떤 질
문은 익숙함 속에 답이 있다. 기성세대의 이야기를 마냥 잔소리
로 치부하면 우리는 새로운 것을 찾다가 더 작은 사고방식 안에
갇히게 될지도 모른다.

내가 이렇게 생각할 수밖에 없는 이유는 내 주변엔 멋진 어른들이 정말 많기 때문이다. 남들과 다른 시선, 무수한 경험, 꾸준히 쌓아간 성실함과 태도를 보여주는 어른들. 내가 딱히 찾아가 물어보지 않아도 먼저 이야기해주길 기대하고 기뻐하는 어른들. 그들의 조언들은 나에게 큰 도움이 되었음은 물론이다. 내가 생각하는 진짜 어른들이 스스로가 꼰대가 되어갈까 봐 점점 입을 닫는 상황이 생기지 않았으면 좋겠다. 진짜 꼰대들은 자신들이 꼰대인 것도 모른 채 살아가고 있을 텐데 말이다.

내가 가장 힘들었던 시기는 계획도 없고, 목표도 확실하지 않을 때였다. 물론, 이런 시기는 지금도 주기적으로 찾아온다. (방향을 잘 찾았다고 생각하는 순간 방향을 다시 잃어버리기도 하니까.) 내 인생의 방향과 목표가 명확하지 않고 인생의 가치관이 흐릿할수록, 또렷하고 분명하게 말하는 사람들의 목소리가 더 잘 들린다. 그 목소리는 무른 나를 예리하게 파고들어 힘들게 하곤 했다. 그때 생각했다. 내가 빈틈이 많고 주관이 없을수록 누군가의 개입이 더 심해질 수 있다는 것을. 지금 와서 돌이켜보면 그 시기에 들었던 이야기들이 비단 모두 가치 없는 것은 아니었다. 이래라저래라 하는 소리일지언정, 나와 맞지 않으면 맞지 않는 대로 확신을 주었기에 분별을 가르쳐주었고, 도움이 되는 뼈아픈 조언들과 피드백은 내 몸으로 흡수하면 되었다.

나는 가끔씩 나보다 먼저 산 사람들을 마치 '시간 여행자' 같다고 생각한다. 그들이 앞서 경험한 이야기를 들을 때면 시간 여행자가 먼저 살아본 시간을 말해주는 것만 같다. 그 노하우가 과거에만 통용된다 할지라도, 이미 지나가버린 구시대적인 생각이라 할지라도 먼저 살아본 이들의 조언은 내 근시안을 넓혀주었다.

그렇다면 꼰대와 진짜 어른의 말은 어떻게 걸러 들을 수 있을까. 자기 삶을 자기 목소리로 이야기할 수 있는 사람들을 찾아가면 된다. (그들이 먼저 찾아오기도 한다. 그건 행운이라고 생각한다.) 그리고 자신의 방식이 정답인 양 이야기하며 내 삶을 평가하는 사람의 말은 듣고 거르면 된다. 이 과정이 험난하긴 해도 듣는 맷집도 키워줘서 나는 오히려 계속 누군가가 나에게 이래라저래라 말해줬으면 좋겠고 내 인생에 참견해줬으면 좋겠다. 받아들이는 건 내 몫이니까.

나 역시 꼰대가 아니라 진짜 어른이 되기 위해 노력할 것이다. 100명의 사람이 있으면 100명의 삶의 방식이 있듯이 우리는 다 다른 삶을 살고 있다. 각자의 인생이 있다. 절대 누군가에게 나의 경험을 바탕으로 함부로 첨언해서는 안 된다고 생각한다. (구)웹툰 작가이자 (현)유튜버로 활동 중인 침착맨이 했던 유명한 말이 있지 않은가.

'단언하지 말라.'

단언하지 않으면 된다. 그건 친한 친구, 가족일수록 더더욱 지켜야 한다.

최근 브이로그 유튜버, 런업이 이런 말을 했다.
"저는 '이렇게 해야 합니다! 무언가를 해야 합니다!'라고 이야기하는 것은 자신의 생각 또는 아이디어를 전달하는 방법 중에 하급의 방식이라고 생각해요. 이것도 그냥 제 개인적인 의견이에요. 저는 그냥 여러분들이 보고 느끼셨으면 좋겠어요. 우리들의 언어가 얼마나 불안정해요. 예를 들어서 좋은 노래를 듣고도 이 음악을 듣고 내가 느낀 감정을 20퍼센트도 전달하기가 힘든데 하물며 내가 사는 삶을 어떻게 언어로 다 전달을 해요. 그래서 저는 저의 영상을 보고 여러분들이 느끼셨으면 좋겠어요."

어설픈 말로 가르치려는 대신 그저 내 삶을 살아가는 방식으로 보여주는 것, 그것이 내가 살아가고 싶은 방향이자 꼰대가 되지 않는 방법이다.

먼저 경험해본 어른들의 이야기가 멈추지 않고 계속되었으면 좋겠다. 넘쳐흘러 이야기가 많은 세상이 되기를 바란다.

모르는 것을
부끄러워하지 않고,
늘 자신이 틀릴 수 있다는 걸
전제하고, 무엇보다
'그럴 수도 있겠다'고
생각하자.

동
료

함께 일할 때
당신은
어떤 사람인가요?

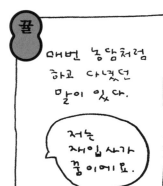

매번 농담처럼 하고 다녔던 말이 있다.

> 저는 재입사가 꿈이에요.

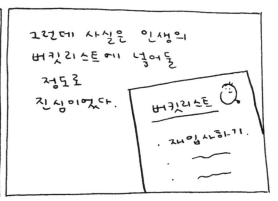

그런데 사실은 인생의 버킷리스트에 넣어둘 정도로 진심이었다.

버킷리스트

· 재입사하기.
· ⸻
· ⸻

일터에서 평소 동경하던 것이 있었다면,

이전 직장에서 같이 일했던 XX 님이에요.

이전 직장에서 함께 일하던 동료들과 다시 함께 일하는 분들이었다.

그런 분들을 보면 자연스레

> 일은 물론이고

> 성격도 좋으시겠지!

라는 생각이 들었고, 실제로도 그랬다.

> 나도 '다시 함께 일하고 싶은 동료'가 되고 싶어!

그래서 생긴 재입사의 꿈.

회사에서의
일이라는 게
결코 혼자서
해낼 수 있는 게
아니기에,

꼭 '재입사'의 형태는
아니더라도, 누군가가 다른
일을 할 때 나를 다시
떠올리거나 필요로
한다면

한 조직의 구성원이자 누군가의 동료로서
잘 해냈다는 좋은 지표로 볼 수 있지 않을까?

그 친구랑
일할 때 재밌었지.

그분이라면
믿고 맡길 수 있죠!

그러고 보니 함께 다시
일하고 싶은 동료분들
얼굴이 여럿
떠오르는데

그분들도 나를 그렇게
생각하려나... 잘 모르겠다.
모쪼록 일을 하면서
다시 만나고
싶은 사람이
되고 싶다!

내게 '동료'라는 단어에서 느껴지는 어떤 느낌을 말하라고 한다면 나는 '전우애' 같은 걸 떠올릴 것이다. 동료라는 단어는 '같은 직장이나 같은 부문에서 함께 일하는 사람'을 뜻하는데, 또 다른 뜻으로는 '목적이나 뜻이 서로 같은 사람'이 있다. 그러고 보니 우리는 회사에서 만난 모든 사람을 '동료'라고 표현하지는 않는 것 같다. 나와 마음이 맞는 사람에게 '동료'라는 호칭을 붙여주는 게 아닐까.

나에겐 소중한 동료들이 참 많다. 카피를 잘 쓰는 동료, 오프라인 행사할 때마다 팔 걷어붙이고 카리스마 뿜뿜 내뿜는 동료, 숫자 계산을 잘하는 동료, 동료들과 커뮤니케이션 잘하는 동료

등. 또 이런 동료도 있다. 내가 힘들 때 말하지 않아도 먼저 알아봐주고 다가와서 커피 한잔하러 나가자고 하는 동료, 내가 말하기 힘든 걸 상사에게 대신 말해주는 동료, 일이 몰려 있는 것 같으면 함께 일을 나누자는 동료. 앞으로 내가 어떤 결정을 내리게 될지는 모르지만 머리카락이 세어서도 계속 회사를 다닌다면, 그 이유는 아마 좋은 동료들이 있기 때문에, 그리고 더 좋은 동료들과 함께하고 싶어서일 것이다.

과거 배달의민족을 다닐 당시, 김봉진 의장님이 입사 때부터 계속 강조하셨던 말씀이 있었다.

'동료들을 더 많이 사귀어라. 팀 내에만 있지 말고 더 많은 동료들과 이야기를 나누고 일을 하라.'

그게 마음처럼 쉽지 않았다. 일을 하면서 수많은 동료들을 만났지만, 마음이 잘 맞는 동료들하고만 이야기를 하게 되고, 그렇지 않은 동료에게는 먼저 다가가기가 쉽지 않았다. 그래서 나름 기준을 세웠던 게 있는데, 우리 부서 사람이든 다른 부서 사람이든 한 번이라도 일로 만나게 되었다면 프로젝트가 끝난 후에 꼭 커피 한잔을 하며 서로 수고했다고 이야기하는 것, 회고의 자리를 만드는 것이었다. 일을 시작하기 전에 자리를 만들기도 했고 끝나고 만나기도 했다. 그렇게 얼굴을 마주하고 이야기를 나눈 덕에 공동의 목표를 향해 함께 즐겁게 달려갈 수 있었던 듯하다.

나는 문제가 생기면 풀릴 때까지 다양한 사람들과 대화를 하는 편이다. 의견을 주고받으면서 답을 찾아간다. 일할 때에도 머릿속에 있는 내용을 문서로 정리해서 1차 아이데이션을 거친 후에 계속 질문하고 피드백을 받아서 완성해나가는 방식을 선호한다. 혼자보다 여럿이 모였을 때 더 나은 결과를 만들 수 있다고 믿기 때문이다.

동료들과 주고받는 피드백은 그 자체가 영감이 되고, 기획의 실마리가 되어주었다. 서로 밀고 당겨주는 끈끈한 동료는 회사를 다니지 않더라도 만날 수 있다. 공동의 목표를 갖고 함께 일하는 사이라면, 서로 신뢰한다면 누구나 동료가 될 수 있다.

나는 일을 하지 않을 때에도 동료에게서 힘을 얻는다. 멘탈이 약해졌을 땐 멘탈이 강한 동료에게, 좋은 것을 발견해 나누고 싶을 때는 취향이 비슷한 동료에게, 실행을 못 할 것 같다면 실행력이 강한 동료에게 찾아가 이런저런 마음을 나눈다. 혼자서는 해내기 힘든 일이 있다면, 일터에서 느낀 마음을 나누고 싶다면 동료만큼 좋은 동반자는 없다. 문득 나를 이끌어준 좋은 동료들에게 빚진 게 많은데, 나는 그들에게 어떤 존재였나 궁금해진다.

부디 함께 마음을 나눈 존재였기를.

공동의 목표를 갖고
함께 일하는 사이라면,
서로 신뢰한다면
누구나 동료가 될 수 있다.

마
감

강력한
동력이
필요한가요?

———

"내 정신을 맑게 해주는 게 뭔지 알게 되었다. 마감이었다. 마감 없는 삶보단 마감 있는 삶이 낫고, 괴로워도 주기적으로 시작과 끝이 있는 게, 끝없이 펼쳐지는 자유보다 나은 것 같다."

우연히 페이스북을 넘겨보다가 칼럼니스트 정성은 님의 타임라인에서 이런 글을 봤다. 끝없이 펼쳐지는 자유보다 마감 있는 삶이 낫다는 그 문장에 묘한 공감이 갔다. 그래, 맞지. 마감은 강력한 동력이지. 하지만 그때뿐. 나는 오늘도 마감에 시달리고 있다.

빈 문서 페이지를 바라보며 어떤 글을 쓸까 고민 중이다. 나는 왜 같은 괴로움을 자처하는 것일까. 책을 써본 경험이 있다지만, 여전히 글을 쓸 때마다 머릿속은 백지 상태가 된다. 마우스 커서만 깜빡깜빡. 담당 편집자는 매주 나의 글을 기다리고 있다. 일주일에 한 편씩 원고를 마감하기로 정한 것은 이렇게라도 하지 않으면 내가 쓰지 않는다는 것을 아는 편집부의 특단의 조치였다. 마감일인 금요일이 다가올수록 점점 숨구멍이 조여오기 시작한다. 그럴 바에야 차라리 글을 쓰자 싶어 책상에 앉으면 왜 인스타그램이 궁금하고, 쌓아둔 책이 읽고 싶은지. 심지어는 난데없이 일기를 끄적이기까지 한다. (그럴 거면 진짜 글을 써라.) 그러다 정 안 되면 산책도 하고 샤워도 한다. 상쾌한 향의 샴푸로 머리를 감으면 뭔가 글감이 나오지 않을까 하며 말이다. (하지만 글감은 나오지 않는다.) 마감이 다가올 때면, 내가 하는 일 이외의 모든 일들이 왜 이리 재미있어 보이고 남들이 쓴 글은 다 대단해 보이는 것인지. 마감 앞에서 난 한없이 작아진다.

생각해보면 어렸을 때에도 마감은 존재했다. 눈높이 학습지 선생님 오는 날, 학교 수행 평가, 방학 숙제, 대학 입시까지. 내 삶에 마감이라는 것이 없었던 적이 있었나? 우리는 모두 기한이 있는 삶을 살고 있다. 삶에는 죽음이라는 마감이 있듯이 인생을 확대해서 보면 무수한 마감들로 이어진 긴 레일 같을지도 모르겠다. 그 말은 나만 괴롭게 살고 있는 건 아니라는 거다.

회사를 그만두고 백수로 살기로 결정했을 때도 나는 백수 기간의 마감일을 정했다.

'딱 1년만 방학을 갖자.'

그렇게 기간을 갖고 1년 뒤에 백수의 삶을 연장할 것인지, 새로운 일을 시작할 것인지 정하기로 했다. 기한을 갖지 않으면 1년이라는 시간을 무의미하게 흘려보낼 것만 같았다. 유한하기 때문에 그 시간이 더 선물같이 다가왔다. 덕분에 나는 놀고 있다는 죄책감을 내려놓고 신나게 지낼 수 있었다. 그리고 마침내 내가 스스로 정한 그날이 다가왔고, 나는 지난 1년을 리뷰한 후에 말끔하고 새로운 마음가짐으로 다른 일로 나아갈 수 있었다. 마감이 나를 다음 페이지로 넘어가도록 적절히 등을 떠밀어준 것이다.

회사로 돌아가자 마감은 가장 가까운 동료가 되어 있었다. 얼마나 성실하고 확실하고 다정한지 내게만 다가오는 것 같기도 했다. 하지만 밉지만은 않았다. 마감 덕분에 프로젝트 끝나고 마시는 맥주가 더 달았고, 같은 골인 지점을 향해 동료들과 함께 달리는 감각은 뜨거웠기 때문이다. 끝이 있기에 지치더라도 다시 뛸 수 있었을 것이다. 마감이란 녀석은 고약하지만 이렇게 영리하다.

　　마감이라는 굴레 안에서 살고 있는 주변 지인들에게도 마감의 존재와 그 의미에 대해 물어보았다. 누군가는 사이 좋게 지내고 싶지만 애증의 관계인 친구 같다고 했고, 또 누군가는 고마운 은인이라는 표현을 했다. 마감 덕분에 예상하지 못한 결과물이 나오기도 하니, 궁지에 몰렸을 때 최고의 에너지가 발휘된다는 말은 틀린 말이 아니다. 최고의 영감은 마감이라는 말도 있지 않은가. 크리스토프 니먼은 『오늘이 마감입니다만』(윌북)이라는 책에서 "내가 할 일이란 그저 내 실력에 집중하고, 작업 환경을 좋게 만들고, 생각하고 실험할 시간을 갖는 것이다. 나머지는 운에 맡겨야 한다"라고 말한다. 마감을 하는 동안 환경을 만들고 오늘 할 일에 최선을 다하면서 결과는 그저 운에 맡긴다니. 결과에 대한 부담 때문에 마감이 고통스러웠던 시간들이 떠올랐다. 그처럼 마감에 초연해질 수는 없겠지만 그저 묵묵히 하면 된다는 말에 두려움이 조금 희석되는 듯하다.

　　마감을 지키기 위해 내가 하는 일들이 있다. 먼저 평소 일상의 영감들을 잘 기록해둔다. 마감을 향해 가는 동안에는 일을 하지 않더라도 머리를 쉬지 않기 때문에 찰나의 아이디어들을 모아두는 것이다. 소설가 김영하 역시 기록의 중요성을 이야기한 바 있다. "무의미하게 지나갈 수 있는 일상의 감각들을 압축해서 기록해놓으면 훗날 소설을 쓸 때 큰 도움이 됩니다." *

그다음에는 시간을 잘게 쪼갠다. 마감 날짜로부터 역순해서 지금 내가 당장 해야 할 일이 무엇인지 하루 단위로 생각해보는 것이다. 그러면 매일매일 해야 하는 분량이 나온다. 이렇게 타임 라인을 만들어두면 시기마다 해야 할 일들을 놓치지 않을 수 있다. 그렇게 매일매일의 체크리스트를 채워나가다 보면 마감은 성큼 다가온다. 나의 역량을 파악하는 것도 중요하다. 내가 마감 일까지 해당 프로젝트를 할 수 있는 사람인지 파악하는 것이다. 데드라인까지 할 수 있는 역량이 안 된다면 도움을 청해야 한다. 이렇게 정리하고 보니 '마감'의 뜻이 달리 읽힌다.

국어사전 뜻풀이

1. 하던 일을 마물러서 끝냄. 또는 그런 때.
2. 정해진 기한의 끝.

숭의 뜻풀이

1. 할 수 있다.
2. 해냈다.

---

* 유튜브 채널 <LIFEPLUS>, '소설 쓰기를 위해 내가 하는 것들' 중에서

3. 나 짱!

끝이 있는 일이 얼마나 행복하던가. 시작의 설렘과 마감의 괴로움, 그리고 끝의 짜릿함을 반복하며 오늘도 나는 쓴다. 긴장과 초조가 적절히 묻어 있는 한 편의 스포츠 같은 인생을 살고 싶다. 괴로움을 반복할지라도 인생에 계속 마감을 두고 싶다.

성

장

얼마나
달라졌나요?

꿀 내가 성장했다고 느끼는 순간들.

그럴 수 있지.

① 당황할 만한 순간에도
침착한 나 자신을
발견할 때.

나도 언젠간..

② 멀리서 동경만 하던 것이
어느새 내 일상으로
녹아들었음을 깨달을 때.

③ 프로젝트가 끝나고
동료들과 회고하는 시간.

④ 이전에 했던
고민을 비슷하게 하고
있는 사람에게
도움을 줄 수 있을때.

⑤ 어느 날 문득
걸어온 길을
돌아볼 때.
(갈 길도 멀지만...)

인스타그램 구경을 하다가 귀여운 분노가 담긴 자문자답 글을 보게 되었다.

(스토리 첫 화면) "성장하고 싶다."

(다음 화면) "그런데 내가 피카츄도 아니고! 왜 성장해야 하는데! 라이츄가 되지 않아도 피카츄만으로도 충분히 귀엽다!"

그러게 말이다. 그대로도 귀여운 우리는 왜 성장을 해야 하는 것일까. 성장이라는 것은 뭘까. 어렸을 때부터 지금까지 줄곧 성장해야 한다는 이야기를 스스로도 해왔고, 주변에서도 익히 들어왔다. 가만히 있는 게 제자리에 있는 것일까. 이제 와 묻게 된다. 그동안 나는 가시화할 수 있는 성장에 더 목이 말랐던 것 같다. 하지만 지금은 내적 성장이 안녕한지가 더 많이 신경 쓰인다.

성장은 매우 주관적인 영역이다. 그것을 알아채기 위해 내가 가장 중요하게 신경 쓰는 부분은 바로, '돌아봄'이다. 즉 리뷰하는 습관이다. 잘한 점과 못한 점, 그것을 통해 새롭게 배운 것을 생각해보면 성장은 실패에도 존재한다는 것을 알 수 있다. 아래는 내가 리뷰할 때 묻는 항목들이다.

〈숭의 레슨 런(Lesson Learned)〉
- 잘한 점, 못한 점
- 새롭게 배운 점
- 최고 성과
- 놓쳤던 부분은 뭐가 있는지

만약 지금 내가 잘 살고 있는지, 나만 뒤처지고 있는 것은 아닌지 걱정이 된다면 이 질문에 답을 해보자. 리뷰를 할 때는 자신을 판단하거나 평가하지 않고 현재 지니고 있는 역량에 집중해 개방적으로 할 필요가 있다. 부족한 부분을 어떻게 채울 수 있을지 생각하는 것도 빼놓지 말아야 한다.

"누구도 우리 대신 배울 수 없다. 누구도 우리를 위해 성장할 수 없다. 누구도 우리 대신 찾으러 나설 수 없다. 누구도 우리 대신 할 일을 할 수 없다. 존재는 대체될 수 없다."

아르헨티나의 유명한 심리학자이자 정신과 전문의 호르헤 부케이가 한 말이다. 그는 '나는 나의 성장을 책임질 의무를 가진 유일무이한 존재'라고 말하고 있다. 여기에 나는 하나를 더 덧붙이고 싶다. 내 성장에 자극을 주는 주변 존재들과 내가 더불어 성장해왔다는 것이다. 우리는 관계라는 영향력 안에 연결되어 있어 누군가 성장하면 시너지를 받게 된다. 그렇다면 나는 역시 성장해야겠다.

오래 일했다고 많이 성장하는 것도 아니고, 큰 성공을 거둔다고 많이 성장하는 것도 아니다. 내가 생각하는 성장은 어떤 경험을 했는지, 그 경험 속에서 무엇을 생각했는지, 또 다른 발판으로 나아갈 무언가를 얻었는지에 달려 있다. 그래서 부지런히 다니고 만나고 듣고, 또 해보고 기록한다. 그러다가 내심 이런 생각이 들면 피카츄에서 조금은 라이츄가 된 기분이 든다.

'애썼다!'

시
간

무엇을 해도
시간은 흐르는데,
어떤 선택을
하시겠습니까?

'시간'에 대해
기억에 남는 인터뷰

만화가 허영만은
관상 만화 〈꼴〉을
연재하기 전
관상이라는 방대한
주제를 파고들기가 망설여
졌다. 3년 정도의 공부가
필요하단 이야기를 듣고
포기하려던 찰나,
관상 전문가의 한마디가
발걸음을 붙잡았다.

"
그런데 허영만 씨가
관상을 공부하든 안 하든
3년은 흘러갑니다.
"

이걸 읽고는
잠시 멍해졌다.

그렇다.
시간은
'어쨌든' 흐른다.

내가 뭔가를
하든, 하지 않든.

그리고 흐르는 시간에서
내가 한 선택들은
다른 모습의 미래로 이어진다.

그때
시작한 나

그때
시작하지
않은 나

그렇다면 내가 지금 할 수 있는 일은
시작이라는 씨앗을 부지런히 뿌리는 것 아닐까?

시간은 그게 무엇이든
싹을 틔워줄 때가 많다.

그때 뿌려놓길
참 잘했지. ♪

나는 시간을 굉장히 중요하게 생각한다. 하고 싶은 게 많아 하루하루의 시간을 어떻게 쓰느냐에 따라 만족도가 달라지기 때문이다. 그래서 시간을 쓸모 있게 써보려고 노력한다.

주어진 하루는 매일 스위치가 켜져 있는 러닝 머신처럼 하염없이 흐른다. 멈추는 법도 없고, 기다려주는 법도 없다. 더욱이 나이가 들수록 더욱 빠르게 흐르는 것 같아서 시간을 낭비하지는 않을까 하는 두려움이 생겼다.

한때 나는 무엇을 해야만 한다는 강박에 꽤나 시달렸다. 시간이라는 결코 멈추지 않는 러닝 머신 위에 서 있다는 생각에 조바심이 나서 뛰든 걷든 쉬지 않고 몸을 움직였다. 그 결과 몸에 이상이 생겼고, 마음에도 무리가 왔다. 그제야 나를 채찍질하는 '관리'라는 단어에 대해 생각해볼 수 있게 되었다. 커리어 관리, 시간 관리, 몸과 마음의 관리, 인간관계 관리 등. 내가 그토록 놓치지 않으려고 애썼던 것들을 떠올려보는데, 감정만 남아 있고 기억은 흐릿했다. 열심히 살았는데 스토리가 사라져 있었다. 나는 시간을 잘 보내온 것일까. 시간에 대한 강박은 시간을 다루는 법에 대한 질문으로 바뀌었다. 어떻게 하면 나만의 시간을 살 수 있을까? 시간을 눈으로 보면서 관리할 수는 없을까? 그러기 위해서는 나만의 시간 관리 개념을 확립하는 게 먼저였다.

> 인간에게는 시각을 자각하는 능력이 없다. 그렇기에 생각하면서 흔적을 남겨야 한다. 이렇게 주절주절 무언가를 쓰고 있는 건 그래서인지도 모르겠다. *

이 책에서 시간에 대한 힌트를 얻게 되었다. 20년 이상 트레이더로 일해온 저자가 말한 것처럼 우리에게는 시각을 자각하는 능력이 없다. 그래서 생각한 게 시간을 기록으로 남겨두는 것이었다.

---

* 김동조, 『모두 같은 달을 보지만 서로 다른 꿈을 꾼다』, 아웃사이트, 2020

나는 매일 보고 듣고 느낀 것을 적었다. 기록은 시간을 눈으로 보는 일이라고 생각하면서. 내가 무언가를 시작해 얼마간의 시간을 쌓았는지, 그 시간 속에서 나는 어떤 생각을 했는지 볼 수 있는 데에는 기록만큼 좋은 것이 없었다. 자각하지 못하는 시간을, 아직 형체가 없는 목표들을 눈으로 보고 싶어서 그림이든 글이든 알아볼 수 있는 형태로 남겼다. 그때그때 적은 것들 중 어떤 것은 정말 유의미한 순간으로 카운트되어 내 인생을 살찌웠다. (왜 썼는지 모를 것도 많았지만.) 부족함을 채우기 위해서 발버둥을 치다가 얻은 것이라 잘하고 싶어서 무엇이든 쓰던 과거의 나는 꿈꿔보지 못한 미래에 와 있었다. 기록을 주제로 책을 두 권이나 낼 줄이야.

시간을 다루는 또 하나의 방법은 고요한 시간을 활용하는 것이다. 나는 출근 전 아침 시간, 모두가 잠든 아주 늦은 밤에 가만히 있는 걸 즐긴다. 그 시간 속에 있을 때, 나는 비로소 시간의 주인이 된 것 같다. 시간이 없다고 느껴지는 때에도 이른 아침과 늦은 밤은 나를 기꺼이 품어준다. 시간 속에 가만히 몸을 맡기다 보면 잠시나마 마음에 여유가 생기고 나와 내 시간을 있는 그대로 바라볼 수 있다.

더 많이 경험하기 위해서 나는 오늘도 시간을 알차게 쪼개어 무엇을 할지, 했는지를 남긴다. 시간은 기다려주지 않지만 기회를 준다. 시간은 흐르고 흘러 늘 새로운 시간을 주고 다시 시작할 기회를 선물한다. 시간은 나를 초조하게 만들기도 하지만 결국 나는 시간 덕분에 더 나은 사람으로 나아가고, 더 좋은 시간을 만들어간다. 시간은 가차 없어 보여도 품이 넓다. 불완전한 모든 것을 품고 흘러간다. 그러니 힘을 빼고 시간의 흐름에 올라타보자. 미래에 당신이 되어 있을 다양한 모습을 상상하며 그것을 하자.

내가 할 수 있는 일이 무엇일까?
지금 주어진 현재의 시간에 발을 잘 딛는 것이 중요하다.

흐르는 시간 속에서
내가 한 선택들은
다른 모습의
미래로 이어진다.

업
데이
트

당신은

지금

최신 버전인가요?

꿀

가수 아이유는 콘서트에서
이런 말을 했다.

제가 포켓몬도 아니고,
매년 진화는
무리예요.

그리고 그 말은 내게
큰 위로가 됐다.

맞아
맞아~

끊임없이
성장하라 진화를
요구하는 사회.

잠시 멈춰서
숨 고를 시간을 가져도
괜찮다는 뜻이었으니.

그러나
진화라는 별개로,
업데이트는 늘
필요하다.

하루가 다르게 변하는 세상,
업데이트할 건 왜 이리도 많은지.
가끔은 건너뛰고 싶기도 하다.

사회
이슈

젠더
이슈

유행

정치

경제

트렌드

환경
이슈

헤액~

매일 바뀌는 데 계속 업데이트 해야 되나?

어반 한 뼘만큼 걸으니 좀 쉴까나.

엇, 근데 다들 어디 갔지?

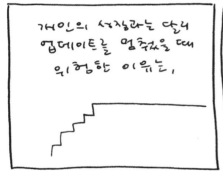

개인의 성장과는 달리 업데이트를 멈췄을 때 위험한 이유는,

시대의 흐름에서는 '멈춤'이란 곧 '퇴보'라도 같기 때문이다.

헉.. 어떻게 한층 저런 발언을...

실제로 많은 실수나 갈등은 나쁜 의도보다도 업데이트의 부재로 일어나는 다름.

클릭 한 번으로 모든 정보에 닿을 수 있는 시대, '몰랐어'는 더 이상 핑계가 되지 않는다.

트렌드 모음집.

마케터로서 요즘 무엇이 화제인지 아는 것도 좋지만

그보다 먼저 내가 사는 시대의 흐름에 귀를 기울이는 것은 중요하다.

202X. 8月

MON TUE WED THU

꾸준히 업데이트 하다 보면

모든 것이 한결 입체적으로 보이는 것도 장점.

UPDATE

변하는 세상과의 동기화. 내가 할 수 있는 최소한의 업데이트쯤은 꾸준히 해나가려 한다.

나는 앱 아이콘 위에 숫자가 떠 있는 것을 싫어한다. 메시지 알림이 너무 많이 올 땐 앱 알림을 꺼서 숫자를 안 보이게 하거나 빨리 읽고 없애버린다. 매일같이 앱 스토어에서 보내는 업데이트 알림도 마찬가지다. 알림이 뜨면 숫자가 거슬려 그 즉시 업데이트를 하는 사람이다. 그러던 어느 날, 하루가 멀다 하고 업데이트하라고 알림을 보내는 앱들의 아우성을 지켜보다가 문득 '참 부지런하기도 하다'라는 생각이 들었다. 나는 언제 업데이트했지?

　업데이트의 내용을 보면 큰 이슈가 없더라도 매주 사용자들의 의견을 반영하고 테스트해보며 불편함을 없애기 위해 디테

일을 수정한 경우가 훨씬 많았다. 각 잡고 대대적인 수정을 하는 것만큼이나 작은 수정이라 할지라도 끊임없이 업데이트를 하는 게 중요하겠구나 하는 생각이 들었다. 매일같이 버그를 수정하고 개선하는 업데이트에서 성실함을 배울 줄이야.

업데이트하기 위해서 나는 무엇을 해야 할까?

첫째, 나라는 사람을 계속해서 다양한 환경에 노출시키자. 나는 나를 자극하는 사람들이 많은 곳에 있고 싶다. 혼자 일하는 것보다 사람들이 많은 조직에 계속 나를 두는 이유도 업데이트할 수밖에 없는 환경에 나를 두고 싶기 때문이다. 혼자 있으면 내가 할 수 있는 생각만 하지만 함께 있으면 내가 할 수 없는 생각들을 할 수 있게 된다. 낯설지만 새로운 환경에서 자극을 받아 내가 얼마나 부족한지 느끼는 삶. 부서지고 다시 겸손해지는 것. 그렇게 하나씩 부딪히며 배워나가는 것이야말로 내가 바라는 업데이트의 모습이다. '내가 왕년에~'라는 말에 갇히고 싶지 않다.

둘째, 성실하게 작은 것이라도 하자. 매주 꾸준히 업데이트를 하는 앱들처럼 홈 트레이닝을 챙겨 하고, 하루 15분씩 언어 공부를 하고, 책을 꾸준히 읽는 거다. 하루하루 작은 단위의 성장을 이뤄나가야겠다고 다짐했다. 범죄 심리학자 박지선 교수가

<유 퀴즈 온 더 블럭>에 나와 10년이 넘도록 최고의 자리에 있는 유재석에 대해서 한 말이 기억에 남는다.

"사람들은 유재석 씨가 최고의 자리를 '유지'하고 있다고 생각하지만 그게 가능하려면 그 전보다 200퍼센트, 300퍼센트를 해야 가능하거든요."

매일 포기하지 않고 성실하게 해내는 사람이 되고 싶다. 부단히 '이승희 버그' 수정에 매진하며 그 전보다 1퍼센트라도 더 나은 사람이 되기 위해 책을 펼친다.

오늘의 업데이트 완료!

성실하게 작은 것이라도 하자.
매주, 꾸준히 업데이트를 하는
앱들처럼.

일
놀놀
일

에너지가 소비되는
동시에 채워지는 느낌을
받은 적이 있나요?

일하듯이 놀고
놀듯이 일한다.

줄여서
'일놀놀일'

일과 놀이의 경계가 없는 삶,
내가 늘 추구하는 방향이기도 하다.

'일놀놀일'이라는 표현을
처음 쓴 순간을 떠올려봤다.

우와, 재밌어!

유난히도
일이 재미있었던
어느 날.

이렇게 노는 것처럼 일하는데
월급까지 받다니!
일놀놀일이네~

(놀랍게도 그 순간만큼은
정말 이런 생각이
들었다...)

물론 이후로도
늘 그런 건
아니었지만,
이 경험은
내게 강렬한
기억으로 남았다.

아니, 일잖아~

넌 주말에도 계속 일 얘기냐?

퇴근을 한 이후나 주말에도 일터의 고민을 안고 있는 스스로가 미련하다고만 생각하던 참,

일하는 자아와 노는 자아가 반드시 분리될 필요는 없다는 사실을 무엇보다도 큰 위로가 됐다.

일   놀

자연스럽게 스위치를 끄고 켤 수 있는 사람도 있지만,

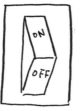

ON

OFF

적어도 나는 구분이 없을 때 편안함을 느끼는 사람이란 걸 깨달았다.

그 사실을
인정하고 나니

받아
들이자.

삶은 한결 자연스러워졌다.

놀다가 일 이야기를 하는 나도,

이건 적용해보면 좋겠는데?

좋다!

일하다가 주말에 계획이
생기는 나도.

몰라 박람회?
주말에
놀러 가야지~

나만의 자연스러움을 좇는
과정 속에서 발견한
'일놀놀일'이 준 교훈은

일놀놀일

주말엔 쉬어야지!

그런가..

무엇이든
누군가의
기준에
맞추기보단

전 이제
쉬는 거예요.

내가 편안한
방식을 찾으면
그만이라는 것.

그러나 나의
'일놀놀일'은
오늘도 내일도
계속된다 -!

주말 아침,
즐겁게 원고를
마감하고 있는 나.

"저는 제 삶을 풍요롭게 해주는 브랜드에서 일하고 싶어요. 온라인 음악 서비스에서 일할 때 일하기 위해서 음악을 듣고 뮤지션을 찾는 일이 제 삶을 즐겁게 해주더라고요. 제 삶과 너무 동떨어진 브랜드에서 일하면, 좀 힘들 것 같아요."

최근 면접을 봤는데, 한 지원자가 한 이야기에 가만 생각에 잠겼다. 나는 회사를 정할 때 내 삶과 얼마나 관련이 있는지 따져본 적이 있었던가.

우리는 일과 삶의 경계가 희미해진 시대에 살아가고 있다. 삶의 영역에 일이 들어와 있고, 일의 영역에 삶이 들어와 있다.

그래서 일상이 즐거워야 일터에서도 에너지가 넘치고, 일터에서 문제가 없어야 퇴근 후에도 마음이 편하다. 그렇기 때문에 '9 to 6'로 일과 삶의 균형을 이야기하는 워라밸이 내게는 좀 와닿지 않는다. 나는 좀 더 적극적으로 일과 삶을 섞고 싶다.

사람들은 내게 재밌게 일한다는 말을 많이 한다. (혹은 그렇게 보인다고. 하지만 실상은 나도 일의 무게에 쉽사리 눌린다.) 놀면서 일하는 듯한 자세에는 꽤나 장점이 있다. 회의 때 분위기를 풀기 위해 던지는 아이스브레이킹을 적절히 이용하면 좋다. 그간 성공적으로 끝난 회의들을 떠올려보면 접근 방식부터 달랐는데, 결정적인 한 끗 차이는 바로 유연한 분위기였다. 딱딱한 회의보다는 선입견과 부담감 없이 친구랑 수다 떨듯 자연스럽게 아이디어를 던지는 회의가 영 헛소리 같은 아이디어도 기획의 물꼬를 터주는 역할을 할 때가 많았다. 그러니 일하는 마음에 경직을 푸는 것은 내게는 중요한 미션이다.

얼마 전, 『숲속의 자본주의자』(다산초당)라는 책을 읽었다. 이 책은 저자가 직장을 그만두고 서울을 떠나 미국의 한 숲속 마을에서 생활하는 이야기를 담고 있다. 블랙베리와 야생초를 채취하고, 통밀을 갈아 빵을 굽고 누룩으로 된장과 간장을 만들어 먹으며 4인 가족이 살아간다. 단순하고 완전한 삶에 대해 이야기하는 이 책에서 아래의 문장을 읽고 무릎을 쳤다. 일하듯이 놀고 놀듯이 일한다는 뜻의 '일놀놀일'을 이보다 더 적확하게 표현한 문장이 있을까.

> 이제 우리의 일상은 인내하며 생산하는 것과 소비하는 즐거움으로 나뉘지 않는다. 생산을 하면서 즐거울 수 있는 일을 한다. (중략) 생산 과정을 놀이로 만들 수 있을까? 돈을 버는 과정이 나를 나답게 하는 창조의 행위가 될 수 있을까? •

월간 《디자인》 편집장이었던 전은경 에디터도 '일놀놀일'에 공감하는 것 같다.

"요즘 저의 주요 관심사는 노는 것이 일이 되고, 일이 노는 데 도움이 되는 선순환입니다."

일을 하면서 논다고 느낄 때마다 일이 더 좋아졌다. 일상에서 얻은 영감이 일에 영향을 줄 때마다 더 열심히 놀아야겠다고 생각했다. 일을 항상 잘할 수는 없지만 재밌게 하기 위해 나다운 방식으로 일하는 법을 찾은 게 내 자산이 되었다.

• 박혜윤, 『숲속의 자본주의자』 다산초당, 2021

일을 하다가 '일놀놀일'의 기운이 올 때면 일에 끌려 다니지 않고 내가 일을 끌어가고 있다는 생각에 신이 났다. 평생 일하면서 보내는 시간이 최소 8만 시간이라고 한다. 그 시간 동안 행복하지 않으면 인생의 절반은 행복하지 않다고 봐도 무방한 건 아닐까. 이제는 워라밸이 아니라 일놀놀일이 대세가 되어가고 있는 것 같다.

일하는 자아와 노는 자아가
분리될 필요는 없다는
사실은 무엇보다도
큰 위로가 됐다.

자괴감,
자존감,
자신감

**내가 보는
나의 모습은
건강한가요?**

세상엔 감각 좋은 사람도,
실력이 출중한 사람도 참 많다.

짜잔!

우와....

누군가의 반짝이는 모습을 보았을 때,
내 안에서는 여러 반응이 나온다.

자괴감

난 왜 저런 것도
못하고... (2차식)

자극감

우와, 멋지다!
나 뭐라 해볼까나?

자신감

나도 저렇게
멋진 거
꼭 만들어야지!

때로는 화짐감과 자괴감이
나를 앞으로 움직이게 하지만,

기왕이면
자신감과 자존감으로
힘차게 움직이는 게
더 건강한 것
아닐까나.

최근 심리 상담을 받았다. 일을 하면서 자꾸 타인의 평가에
쉽게 무너지는 나에게 내린 응급 조치였다. 일하는 중에 갈등이
생기면 실패했다는 생각에 괴로웠고, 마음이 움츠러들어 더 자
신감을 잃었다. 아무리 삶과 일의 디폴트 값이 고통이라지만 더
는 혼자서 이겨낼 힘이 없어 도움을 청하기로 했다.

"자존감이 일에 의해서만 형성된 것은 아닐까요?"

내 이야기를 잠자코 듣던 심리 상담사는 나에게 자존감이 제
대로 형성되지 않고 '일에 의한 자존감'만 형성된 것 같다고 했
다. 결국 지금의 나는, 일 빼고 모든 부분에서 자존감이 낮다는

이야기였다. 상담사는 계속 말을 이어나갔다.

"왜 그렇게 일 때문에 화가 나고 힘이 드는 것 같으세요?"
"잘해야 하니까요."
"일을 왜 잘해야 하나요?"

그 질문에 말문이 탁 막혔다. '그러게, 왜 잘해야 할까? 난 무엇을 위해서 그렇게 잘하려고 아등바등했을까.' 과거의 나는 일이 엎질러지면 스스로에게 화를 내고 표가 나게 자책하곤 했다. 그럴 때마다 내 주변 사람들은 나의 눈치를 살피느라 힘들었을 것이다. 반드시 해내고 싶었던 일이 엎어지면 속은 더 아렸다. 살면서 사람들에게 인정받고 좋은 평가를 받은 게 일뿐이라서, 일을 할 때에만 비로소 내가 가치 있다고 느꼈던 것 같다. 그래서 일이 잘못되면 내가 무너졌던 것이다.

"승희 님은 목표 지향적인 사람이에요. 이 상황조차도 자꾸 해결하려고 하지 말고 감정에 대해서 들여다보고 이해해줘요. 온전히 느껴보세요. 목표를 바꿔봐요. 일 잘하는 사람 말고, 자존감, 자신감을 키울 필요가 있어요. 중심이 내가 되어야 해요. 타인의 평가는 계속 바뀌어도 나는 바뀌지 않잖아요. 사람들의 평가에 따라 승희 님의 상태가 바뀌고 있어요. 모든 중심을 나

한테 쏟아봐요."

상담사는 좋게 표현해 '일에 의한 자존감'만 형성되었다고 했지만 실은 '일에 의한 자존심'만 남아 있었던 것도 같다. 30년 넘게 사전을 만든 작가 안상순은 『우리말 어감사전』(유유)에서 자존심과 자존감의 차이는 시선의 향방에 있다고 말한다. 자존심의 시선은 '나의 밖'을 향하고 있고, 자존감의 시선은 '나의 안'을 향하고 있다. 그래서 자존심은 남들이 나를 어떻게 바라보는가에 민감하게 반응하지만 자존감은 내가 스스로를 어떻게 바라보는지가 더 중요하다. 즉, 자기 긍정이 타인의 평가에 기대어 있는 게 자존심이라면 오로지 스스로에 대한 평가로 이루어지는 것이 자존감이다. 그렇다면 타인의 한마디에 쉽게 무너져 내리는 나의 자존감은 어디에 있는 것일까? 있기는 한 걸까?

한 예능 프로그램에서 이효리가 한 말이 떠올랐다. 의자를 직접 만들던 남편 이상순이 보이지도 않는 의자 밑바닥에 사포질을 열심히 하더란다. 그래서 이효리가 "여기 안 보이잖아. 누가 알겠어"라고 묻자 그가 이렇게 대답했다.

"내가 알잖아."

자존감을 높이기 위해서는 남이 나를 어떻게 생각하는지보다 내가 나를 어떻게 생각하는지를 더 중요하게 보아야 한다. 남들의 시선을 투영하여 보는 대신 내가 나를 온전히 보는 연습을 거듭해야 자괴감으로부터 나를 지킬 수 있는데 나는 그러지 못한 것이다. 자존감보다 자존심과 자괴감이 더 컸던 나는 스스로를 고독하게 만들고 있었다.

오늘은 내가 한 것들을 스스로 기특하다고 칭찬해주는 시간을 가지려고 한다. 일이 아니라 내가 삶에서 이룬 아주 작은 성취들을 축하할 것이다.

"피곤한데 배달 음식 안 시키고 밥 해 먹은 거 칭찬해. 건강이 제일인 거 알지?"
"너 오늘 아침에도 일어나 회사 간 거, 대박!"
"승희야, 오늘 마감한 거 축하한다."

그런데… 칭찬을 하다 보니 점점 생각이 나에서 일로 번져가고 있다! 이건 역시 병이다, 병.

자괴감·자존감·자신감… 나를 울고 웃기는 단어들. 나를 우쭐대게도 무너지게도 미워하게도 만드는 단어들. 그럼에도 나를 다시 세우는 단어들. 이 단어들이 내가 다치지 않게 나를 지켜줄 수 있도록, 또 누군가를 다치게 하지 않도록 잘 벼려나가려고 한다.

장래희망

꿈을
묻고 있나요?

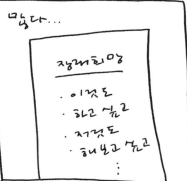

그리고 보니
'장래희망'이란 단어,
참 좋다.
모든 것을 끝이 아닌
시작점에서 바라보게
한다는 점에서
희망적이기도 하고.

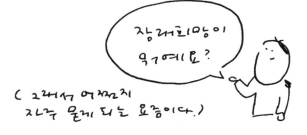

장래희망이
뭐예요?

(그래서 어쩌다
자주 묻게 되는 요즘이다.)

TV 채널을 돌리다가 한 어린이의 인터뷰를 보게 되었다. 어른들이 자꾸 꿈과 장래희망에 대해 물어서 너무 힘들다고, 자기도 모르겠는데 어른들이 대답을 요구한다고 무척이나 곤란해하던 아이의 표정이 귀여워서 나는 어땠나 생각해봤다.

어렸을 때 나는 어른들이 장래희망이 뭐냐고 물으면 별생각 없이 대답했던 기억이 난다. 호기롭게 "화가요!" "선생님이요!"라고 그때그때 멋있어 보였던 직업을 말했다.

고등학교 1학년 때 나의 장래희망은 기자였다. 아버지가 젊었을 때 기자를 꿈꿨는데 이루지 못했다는 이야기를 듣고, 내가 그 꿈을 대신 이뤄드리고 싶어서 기자가 되고 싶었다. 고2가 되고, 마침내 진로를 결정해야 하는 고3이 되었을 때 내 성적으로는 신문방송학과에 갈 수 없다는 것을 깨닫고 장래희망은 말 그대로 '희망'일 뿐이라고 여기게 되었다. 그렇게 수능 점수에 맞춰 대학 전공을 선택하고 직업이라는 것을 갖게 된 이후로 나는 계속 내가 원하는 방향으로 직업을 바꾸어갔다. 하지만 딱히 장래희망에 따라 움직인 것은 아니었다.

그러던 어느 날, 규림과 함께한 북토크 자리에서 누군가 나에게 물었다.

"두 분은 장래희망이 뭐예요?"

초등학교 이후로 정말 오랜만에 듣는 질문이었다. '삼십 대에게도 장래희망을 물어봐주는 사람이 있다니!' 속으로 놀라고 있는데 규림이 주저함 없이 대답했다.

"저는 북커버 디자이너요."

그 옆에서 뭐라고 대답할지 고민하던 나는 불쑥 이렇게 말을 했다.

"음… 저도 북커버 디자이너 할래요."

오랫동안 장래희망을 생각해본 적이 없어서 우스갯소리로 넘기며 이런 배경에 대해서 부연 설명했다. 그날 자신의 장래희망을 신나서 말하는 규림이 어찌나 부럽고 멋져 보이던지. 규림은 언제나 하고 싶은 게 많은 친구였다. 출근해서는 열심히 일을 하고 밤에는 그림을 그리고 주말이면 가방을 만들러 가는 친구였다. 하고 싶은 걸 이야기할 때에는 눈빛이 반짝거리고 생기가 넘치는 친구.

내게도 사람들이 에너지가 넘친다고 말해주던 시기가 있었다. 생각해보면 장래희망이 있었던 때다. 병원 코디네이터로 일할 당시, 나는 마케터가 되고 싶다는 꿈을 이루기 위해 매일 생각하고 공부했다. 마침내 마케터가 되고 난 후에는 나에게 이렇게 잘 맞는 직업이 있을까 싶을 정도로 빠져들었다. 너무 행복했다.

하지만 그 후 몇 년간은 하고 싶은 게 없어서 답답함을 느꼈다. 마음 한구석에 뭔지 모를 갈증이 체증처럼 있었다. 주변에는 하고 싶은 게 하나가 아니라 많은 사람, 다능인과 N잡러가 넘쳐났다. 그렇다면 나는?

'앞으로 또 하고 싶은 게 없는 걸까?'

'해보고 싶은 새로운 일은 없는 거니?'

북토크에서 오랜만에 내 갈증을 건드리는 질문을 들은 것이다.

이 글을 쓰고 있는 2021년 5월의 내 장래희망을 적어본다. 우선 나는 편안한 작은 식당을 만들고 싶다. 그곳에서 사람들에게 맛있는 요리를 해주고 싶다. 내가 행복하다고 느꼈던 순간을 떠올려보면, 사랑하는 사람들과 식사를 나눌 때가 많았다. 맛있는 요리로, 갓 지은 따뜻한 밥으로 사람들을 기쁘게 해주고 싶다. 마음이 힘들 때마다 가는 식당이 있는 것처럼, 누군가에게 안식처가 되어주는 가게를 만들어보고 싶다.

두 번째로는 내가 좋아하는 동료들과 함께 크리에이티브 그룹을 만들고 싶다. 우리의 도움이 필요한 곳에 우리가 좋아하는 일로, 응원을 하고 싶다. 각자가 고유하지만 연결되어 있고, 지속 가능하며, 정서적 충족감을 주는 모습이었으면 좋겠다.

그리고 정원사가 되고 싶다. 좋아하는 식물을 가꾸며, 나만의 정원을 만들어보고 싶다. 한 해 한 해가 지날수록 '녹색 갈증

(바이오필리아, biophilia)'이 짙어진다. 자연과 생명에 대한 사랑은 인간의 본능임을 깨달아가고 있다.

장래희망을 적는 것만으로도 마음이 풍족해진다. 레오나르도 다빈치는 매일 아침 잠에서 깨면 그날 배우고 싶은 것들을 적는 'To learn' 리스트를 만들었다고 한다. 나도 앞으로 주기적으로 나의 장래희망을 적어볼 참이다. 나이와 상관없이 언제나 하고 싶은 게 많은 사람이 되고 싶다. 장래희망을 얘기해야 하는 고충을 토로하던 그 어린이도 삼십 대가 되어서 이 질문을 받으면 반가울지도 모르겠다.

오히려 어른에게 더 필요한 질문,
"장래희망이 뭐예요?"

재
능

타고난 게
없어도
잘할 수 있을까요?

태어나 보니
천재였네요,
하하!

대부분의 재능은
타고난다는 점에서
범접할 수 없는 느낌이
있어서일까.

타고난 사람들을 볼 때
일러오는 좌절감 같을 게 있다.

하지만 이내 떠올린다.
재능을 떠나 행위
자체만으로도 충분히
행복하고 기쁜 것들을.

기왕이면 재능까지
받쳐주면 더 좋겠지만,
생각만 해도 가슴 벅차고
더 잘 해내고 싶은
일이 있다는 것.

그것만으로도
충분한 게 아닐까,
라는 생각이다.

그런 마음으로
오늘도
열정을 쫓는 중.

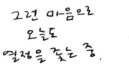

열정

"와, 이걸 만든 사람이 98년생이라고?"
"그 회사를 만든 대표가 지금 스무 살밖에 안 됐다고?"
"중국 《보그》 편집장이 27세라고?"

비교적 젊은 나이에 놀라운 작품이나 브랜드, 캠페인을 기획하여 성과를 이룬 이들을 볼 때면 감탄이 절로 나온다. 나이와 능력이 별개라는 것은 알고 있음에도 내가 코 흘리고 있을 때 누군가는 대단한 작품을 만들어냈다고 생각하면 그 천부적인 재능이 부럽고 탐나지 않을 수 없다. 아쉽게도 나에겐 특출난 재능이 없다. 그래서 뭐든 쉽게 해볼 수 있었는지도 모르겠다. 만약 실행력도 재능으로 쳐준다면 그래, 나에게도 재능이 있다.

돌이켜보면 내가 하는 모든 일의 시작점은 나의 '재능 없음'에서 비롯되었다. 고등학교 때 미친 듯이 공부에 매진했지만 수능 성적은 꽝이었다. 공부를 잘하는 요령이 없었던 건지, 머리가 나쁜 건지는 모르겠지만 결과적으로 공부에는 재능이 없었다. 고2 때 모의고사를 치르고 전교 1등을 한 친구의 시험지를 본 적이 있다. 수리 영역의 시험지가 너무 깨끗해서 충격을 받았다. 시험지에 풀이를 적지 않고 암산으로만 문제를 푼 것이다. 공부에 재능이 있다는 것은 이런 것일까 부러웠던 기억이다.

수능을 망친 나는 내 '재능 없음' 속에서 살길을 찾아야 했다. 치기공사가 돈을 잘 번다는 친척들의 말에 별생각 없이 치기공학과에 갔다. 치과 치료에 필요한 작업 모형, 보철물, 충전물, 교정 장치 따위를 전문적으로 제작해야 하는 치기공학과를 다니면서는 내가 지지리도 손재주가 없다는 것을 알았다. 또 한 번의 절망감을 맛보는 순간이었다. 교수님이 "승희, 너는 만드는 재능이 없어도 너무 없다"라고 말할 정도였으니, 이 길도 내 길이 아니었다.

병원 코디네이터에서 마케터로 방향을 바꾼 후에도 일을 못한다고 혼나는 일이 부지기수였다. 어떻게든 버텨야만 했다. 왜 하늘은 나에게 일을 잘하는 재능마저 주지 않은 것일까. 일하는 센스를 길러보려고 매일 물어보고 적고 주말마다 배우러 다니고 책을 읽었다. 나의 '재능 없음'을 마주할 때마다 나는 뭐라도 할 수밖에 없었다. 하고 싶은 일이 잘하는 일이 아닐 수도 있다는 사실은 무척 절망스러웠지만 그럼에도 불구하고 계속해서 살아가야 하니까 재능에 기대지 않고 하루하루 노력해나갔다.

하지만 '재능 없음'에도 재주는 있다. 정말이다. 진짜다. 일을 잘하고 싶어서 무조건 받아 적기 시작한 것이 지금의 나를 기록하는 사람으로 만들어주었다. 재능이 없어서 시작한 것들이 내 인생을 바꿨다. 가진 게 없음을 인정한 뒤에야 나는 성장했다. 얕은 재능에 기대어 사는 삶보다는 할 수 있는 게 없어서 이것저것 해보는 삶이 나에게 더 잘 어울리는 것 같다.

오늘도 나의 '재능 없음'에 감사하다. 그 덕에 내가 무엇을 해야 할지 정확하게 보고, 필요한 재능을 직접 키울 줄 안다. 지금 제일 내게 시급한 재능템은 체력이다. 자고 일어나면 충전되는 체력을 갖기 위해 뭐라도 해야겠다.

재
미

당신의 삶은
무엇을
좇고 있나요?

재미 추종자의 (나름대로)
진지한 고민이었다.

"인생에서 가장 중요한 게 뭐예요?"

처음 본 사람이 앞뒤 설명 없이 대뜸 이런 질문을 던졌다. 뭔가 의미심장하게 느껴지는 질문인 터라 거창하게 대답하고 싶었지만 그냥 나답게 솔직하게 대답했다.

"재미요."

대답을 들은 상대방은 실망한 표정이 역력했다. 그러고는 이런 시큰둥한 반응을 보였다.

"행복이나 재미 같은 그런 추상적인 단어 말고, 구체적인 이야기가 나와야 하는데…(생략)"

처음부터 질문에 답이 정해져 있었던 모양이다. 웃으면서 넘겼지만 이해받지 못했다는 기분은 못내 지울 수 없었다. 무엇보다 내가 중요하게 여기는 가치가 '추상적인 것'으로 치부되는 것이 쓰렸다. 나만의 언어로 확실하게 정의를 내려보자는 생각에 사전적인 의미부터 찾아보았다.

재미

[명사]

1. 아기자기하게 즐거운 기분이나 느낌.
2. 안부를 묻는 인사말에서, 어떤 일이나 생활의 형편을 이르는 말.
3. 좋은 성과나 보람.

아기자기하게 즐거운 기분이라니. 맞다. 내 인생에 중요한 순간들은 놀라운 일이 있었던 때가 아닌 아기자기하고 즐거운 느낌이 남은 때다. 그렇다면 즐거움의 사전적 의미는 무엇일까. 좀 더 찾아보기로 했다.

즐거움

[명사]

1. 즐거운 느낌이나 마음.

2. 단순히는 그러한 기운이나 감정을 뜻하지만 즐거움을 다른 방면에 대입해서 살펴보면 좀 더 깊고 확대된 의미를 살펴볼 수 있다. 이를테면 책을 읽을 때 느끼는 즐거움은 독자가 작품에 담겨 있는 감정에 공감함으로써 개인의 정서적 안목이 개입하여 일어나는 현상이라고 볼 수 있다. *

개인의 정서적 안목이 개입하여 일어나는 현상이 바로 '즐거움'이라는 이야기다. 개개인의 정서적 안목은 모두 다를 테니 즐거움이 일어나는 현상은 다 다를 수밖에 없다. 그렇다면 나에게 즐거움을 주는 것은 무엇인가. 그 즐거움이 나의 삶에서 어떤 역할을 하는가. 선뜻 재미있는 게 떠오르지 않는다면, 나에게 중요하게 작용하고 있는 게 무엇인지도 생각해보자.

재미는 지금껏 내 인생을 끌어준 구체적인 방향이었다. 책을 고를 때도, 여행을 떠날 때도, 하고 싶은 일을 정할 때도 나는 재미를 따라 움직였다. 무언가를 시작하기 전에 "재밌겠다!" 하는 '흥미'와 '즐거움'이 일어나며 움직였고, 다 하고 나서 "재밌었

* 구인환, 『고교생을 위한 국어 용어사전』 신원문화사, 2006

다!" 하는 '성과'와 '보람'이 느껴지면 또 했다. 재미를 추구한 덕에 매일 사소한 것에 놀라워하고 감동할 줄 아는 유쾌함을 갖게 되었고, 일상에서 더 많은 영감을 발견했다.

최근에 테드(Ted) 강연을 했다. 나뿐만 아니라 다양한 연사들과 함께했는데 그중 코로나 확진자 정보를 한눈에 볼 수 있는 '코로나맵'을 개발한 이동훈 대표도 있었다. 그는 '코로나맵'을 개발하기 전에도 궁금하면 뭐든 일단 만들어보는 그런 사람이었다고 한다. 강연이 끝나고 한 청중이 이런 질문을 했다.

"동훈 님께서 그렇게 계속 무언가를 만들 수 있는 원동력은 뭔가요?"
"재미죠. 제가 재밌어서요."

'재미'가 우리의 인생뿐만 아니라 세상을 변화시키기도 한다. 그러니 "재미가 밥 먹여주냐?"라고 누가 묻는다면 당당하게 말합시다.

"네!"

재미는 지금껏
내 인생을 끌어준
구체적인 방향이었다.

재택
근무

변하는
환경에
잘 적응하고
있나요?

끝

1년간의 백수 생활은 대부분 집에서 보냈다.

집에 있을 때 가장 안온함을 느끼는 나이기에, 입사 후 재택을 해야 한다고 들었을 때도,

재택이요? 완전 껌이죠! 오히려 좋아~

그렇게 시작된 재택 1일 차

재택 쉽지~

일주일 차

재택 쉽...

한 달 차

쉽...지 않네....

곧 깨달았다.

재택
≠
재택 근무

단순히 집에 '있는' 게 아니라 '일하기' 위해서는 다양한 인력과 노력이 필요하다는 사실을.

114

불과 얼마 전까지도
남의 이야기 같았던
많은 것들을

웨비나

ZOOM

(웨비나 세미나의 합성어)

?   ?

당연하게 쓰기까지 얼마나
많은 고민과 노력들이 있었을지.

예

재택근무를 통해 느낀 감정은 좌절감보다는
오히려 희망과 안도감이었다.

제약 앞에서도 새로운 길을 만들어나가는
우리는 이 다음 어떤 어려움도 잘 해결해나갈
수 있으리라는 믿음이 생겼기 때문이다.

저기 새로운
길이 있다!

(그래도 여전히
동료들은 보고 싶다.)

코로나19로 삶이 송두리째 바뀌기 전까지만 해도 재택근무는 프리랜서나 작가 같은 특정 직업군에만 해당하는 이야기인 줄 알았다. 당연하게 여긴 일상이 무너지면서 퇴사 후 계속 선택을 해야 하는 내게도 물음표가 붙기 시작했다. '과연 마케터로 혼자 일하는 게 나은 선택일까?' 물리적으로나 심리적으로나 혼자 있어야 하는 시간이 길어지자 혼자인 것이 동기부여가 되지 않아 다시 조직에 들어가 새롭게 일을 하기로 마음을 먹었다. 하지만 결국 일하는 방식을 완전히 다시 정립해야만 하는 과제가 주어졌다. 재택근무는 처음이었다.

대면으로 이루어지던 회의는 줌이나 메신저로 대체되면서

어떻게 전달하느냐가 더욱 중요해졌다. 화면과 텍스트로 전달해야 하기 때문에 온도가 차가워지지 않을까 염려되었다. 게다가 어깨너머 서로가 일하는 과정을 공유하지 못한 채 결과만 이야기하게 되니 동료의 업무를 이해하는 데에도 어려움이 있었다. 또 그들이 일하는 모습을 옆에서 보며 정면교사 삼는 것을 좋아하는 나로서는 중요한 배움의 기회도 사라진 기분이었다.

덕분에 내가 어떻게 일하는 사람인지, 어떤 부분에서 성취감을 느끼는지 더 촘촘하게 들여다보기 시작했다. 우선 나는 함께 프로젝트를 만들어나가는 과정에서 재미를 느끼는 사람이었다. 아침에 출근해서 동료들과 갖는 커피 타임, 그사이에서 오가는 잡담과 그 잡담 속에서 빛나던 작은 아이디어들. 하루 종일 머리가 깨지도록 회의를 하고서는 머리 식힌다고 다 같이 편의점에 가던 시간들. 그런 것들로 인해 생기는 유대감이 나에게는 일을 재밌게 하는 요소들이었다.

'이렇게 비효율적으로 일해야 한다고?' 여러 가지로 낯설었다. 하지만 이제 피할 수 없는 업무 형태라면 징징댈 것이 아니라 대안을 찾아야만 했다. 무엇보다 외롭고 막막하게 느껴지는 것부터 해결하고 싶었다.

(현상)

- 소소한 잡담을 할 수 있는 기회가 많이 없어서 동료들과 친해지기 어렵다. 서로를 잘 모르는 상태에서 각자의 일만 한다.
- 아이디어가 쉽게 나오질 않는다. 혼자 아이데이션을 할 때면 이게 맞는지, 재밌는지 판단이 서질 않는다.
- 직접적인 접촉이 없다 보니 동료들과의 유대감이 떨어진다.

(분석)

- 잡담을 할 수 있는 기회를 어떻게 만들까?
- 아이디어를 자유롭게 이야기할 수 있는 그런 분위기는 어떻게 만들 수 있을까?
- 건조한 메신저의 커뮤니케이션을 어떻게 따뜻하게 바꿀까?
- 유대감을 어떻게 강화시킬 수 있을까?

(대안)

- 줌 회식을 만들어보자.
- 이모티콘을 잘 활용해보자.
- 메신저의 폰트를 바꿔보자.

우선 팀원들 간의 유대감 형성을 위해 팀장님에게 제안을 해 줌 회식을 만들어봤다. 유튜브에서 줌 회식 브이로그도 찾아보고 주변 지인들에게도 조언을 구했다. 줌으로 의사소통할 때는 동시에 이야기할 수가 없어서 한 명씩 이야기해야 하므로 촘촘하게 프로그램을 짜두지 않으면 어색해질 수가 있다고 했다. 샘플과 조언을 참고하여 나름대로 프로그램을 짰다.

1. 배달 음식 자랑(우리 동네 맛집 소개)!

  각자 주문한 음식 자랑을 해주세요. 1인당 5만 원까지 주문 가능하며 법인카드로 결제하고 회식비로 올리면 됩니다.

2. (음식 먹으면서) 각자 하는 일과 근황 토크 시간!

3. 경품 뽑기!

4. 단체 사진 촬영

줌 회식 시간은 두 시간 이내로 정해두고 예산에 맞게 음식을 주문해 먹으면서 동네 맛집 자랑도 하고, 얼굴 보고 나누지 못한 근황을 서로 이야기하는 시간을 가졌다. 어색한 침묵이 흐르지 않게 시간을 꽉 채워서 프로그램을 만들었고 줌 배경화면 콘테스트로 사람들의 참여를 유도했다. 개성 있는 배경화면에 웃음이 터지고 음식 자랑을 하다 보니 분위기는 금방 달아올랐다. 소리가 겹치면 안 될 줄 알았는데 동시에 웃고 떠들다 보니 겹치는 소리 따위는 아무래도 상관없어졌다. 자신의 집에서 편히 이야기를 하다 보니 일반적인 회식보다 더 재밌는 측면도 있었다.

일을 잘하기 위해서는 일과 상관없는 소소한 잡담, 동료들과의 유대 관계가 중요하다는 것을 또 한 번 깨닫는 시간이었다. 다른 회사 친구의 이야기를 들어보니 줌 미팅 시작 전 배경음악을 은은하게 깔아놓는 사람도 있다고 한다. 미팅 전에 분위기도 풀고, 소리가 잘 들리는지 테스트를 해볼 요량으로 말이다. 줌 배경화면을 상황에 맞게 바꿔서 신규 입사자를 축하해주거나 생일을 축하해주는 이도 있다고 하니 가까워질 방법은 무궁무진하다. (물론 조금의 귀찮음과 용기가 필요한 일이지만.) 이밖에도 메신저 폰트에 변화를 주거나 이모티콘을 사용하여 온라인에서도 친밀감과 유대감을 만들어나갈 수 있다. 어떤 면에서는 더 즉각적일 수도 있지만, 충분하게 설명하기 위한 방법을 찾거나 무엇을 하고 있든지 최대한 빠르게 회신해야 하는 등 얼굴을 보고 일을 할 때보다 두세 배 노력이 필요한 것은 어쩔 수 없는 사실이다.

재택근무로 더욱 중요해진 건 '커뮤니케이션'이다. 상대방이 해당 업무나 진행 사항에 대해 잘 모른다는 가정하에 충분히 설명하고 문서를 알아보기 쉽게 만들기, 내 표정과 목소리가 담기지 않는 메신저로도 충분히 설명이 가능한 상황을 만들기, 보고 느낄 수 없는만큼 더 신경 써서 따뜻하고 부드러운 커뮤니케이션하기는 필수 덕목이 되었다.

결과와 태도는 내가 일하는 방식에 따라 결정된다. 누군가의 룰이 아닌 나만의 룰을 더욱 단단히 해서 환경의 변화에도 꿋꿋이 재밌게 일하는 사람이 될 테다.

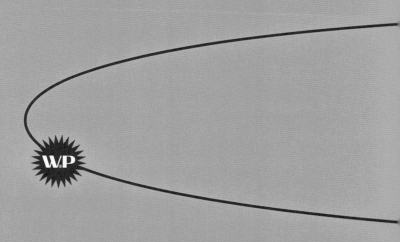

일상의
단어들로
생각한 것들

놀 듯 이

일 하 기

공 간

생각과 행동에
변화를 주는 집은
어떤 모습일까요?

꿀

어떤 공간에
들어갔을 때

사람들은 무엇에
감동 받을까?

누군가는
건물 구조에,

누군가는
가구나 소품에,

또 누군가는 창으로
들어오는 햇살에
감격할 것이다.

같은 공간을 경험해도
각자의 관심사에 따라
각기 다르게 기억하기
마련인데,

그러고 보니 나에게
공간은 종종 타이파이로
기억된다는 사실을 깨닫는다.

128

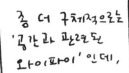

좀 더 구체적으로는 '공간과 관련된 와이파이'인데,

WIFI
name: xx coff
PW: best
latte
in town

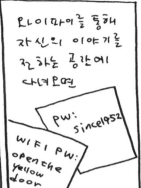

와이파이를 통해 자신의 이야기를 전하는 공간에 다녀오면

PW: since1952

WIFI PW:
open the
yellow
door

어쩐지 오래도록 기억에 남는다.

문을 열고 들어가 문을 닫고 나가기까지의 여정에서 줄 수 있는 인상은 참 많겠지만,

감동은 의외로 아주 사소한 부분에서 온다는 사실.

어머..

이런 것까지 신경 쓰네!

지금 챙길 수 있는 작은 것들은 눈앞에 두고, 대단한 무언가를 만들려라고 하고 있진 않은지 생각해보게 된다. 내가 만들 수 있는 작은 단위의 감동에 집중해보자.

(그런 마음으로 오늘 우리 집 와이파이 이름과 비밀번호를 바꿨다는 사실.)

나는 가오픈한 카페가 있으면 누구보다 빠르게 가서 인증을 해야 하고, 새로 열리는 브랜드 팝업 스토어는 빠짐없이 출석하는 게 일상인 사람이다. 좋은 공간을 경험하고 감각하는 것이 마케터에게는 정말 중요하다고 생각하기 때문이다. 하지만 요즘 드는 생각은 좋은 공간을 많이 경험한다고 해서 내가 좋은 공간을 만드는 것은 아니라는 거다. 이런 생각이 든 것은 신혼집을 구하고 나서부터였다.

좋은 브랜드에 둘러싸여 있어도 사람보다 브랜드가 더 잘 보이면 매력이 느껴지지 않는다. 반면 후줄근한 티셔츠를 걸쳤는데도 빛이 나는 사람을 보면 그 사람 자체가 명품이구나 싶다.

집도 똑같다. 아무리 명품 브랜드로 채워져 있다 해도 전혀 그럴싸해 보이지 않을 수 있다. 그 공간을 채우는 사람이 중요한 것이니까. 한편 '사람은 공간을 만들고 공간은 사람을 만든다'는 윈스턴 처칠의 말처럼 사람의 생각과 행동을 바꾸는 데 주변 환경이 중요한 역할을 하기도 한다. 나를 좋은 사람으로 이끄는 좋은 공간은 어떻게 만드는 것일까?

지금까지 여러 형태의 집을 전전하며 이사를 다녔다. 이사할 때마다 자꾸만 어디선가 멋있어 보였던 집을 따라 하거나 누군가에게 자랑하고 싶은 과시용 인테리어를 하게 된다. 가끔은 '이렇게 올리면 '좋아요'를 많이 받겠지?' 하는 생각이 들 때도 있다. 그럴 때마다 중심을 다시 잡게 해주는 것이 바로 '질문'이다. 이번에도 나는 내게 질문을 던졌다.

'이번 집은 네게 어떤 공간이 되었으면 해?'
'어떤 집으로 만들어야 네 생각과 행동에 변화를 줄 수 있을 거라고 생각해?'

그런데 이번에는 혼자가 아니라 반려인과 함께 사는 신혼집이다. 15년 동안 혼자 산 '프로 자취러'였던 내가 누군가와 함께 사는 모습이 잘 그려지지 않았다. 집을 채우는 것도 혼자 살 때보다 훨씬 어렵게 느껴졌다. 생각해보니 누군가와 함께 산다는 것은 서로의 삶이 자연스럽게 섞인다는 뜻인데, 질문을 나에게만 던지고 있었다. '나에게 어떤 집이 되었으면 하는가' 하는 질문은 '우리에게 어떤 집이 되었으면 하는가'로 바뀌었다.

우리는 신혼집을 꾸미기에 앞서 결혼을 하는 이유에 대해 대화를 나눈 적이 있다. 내가 결혼을 하고 싶은 이유는 함께했을 때 시너지가 나는 삶을 만들기 위해서다. 결혼을 하지 않아도 충분히 재밌게 살 수 있다고 생각하지만 나는 일을 할 때나 놀 때나 마음 맞는 사람들과 함께하는 것을 더 기뻐하는 사람이다. 빨리 가려면 혼자 가고 멀리 가려면 함께 가라고 했던가. 좋은 사람이 있다면 함께 더 멀리 가고 싶었다. 남자친구가 결혼을 하고 싶은 이유는 "행복을 나눌 수 있는 사람이 있으면 자신이 더 행복한 사람이 될 수 있을 것 같아서"라고 했다. 함께하는 시간이 많아지면 같이 고민하고 해결할 수 있는 것도 많아져서 우리가 더 좋은 삶을 살 수 있다는 생각이 들었다고 했다.

우리가 앞으로의 인생을 함께하고 싶은 이유는 지금보다 더 나은 삶을 살기 위해서다. 그래서 우리의 첫 번째 집은 많은 시도와 경험을 할 수 있고 유연하게 서로의 삶을 받아들일 수 있게 해주는 집이기를 원했다. 각자 살아온 인생이 다를 테니 서로의 삶을 받아들일 여유가 있는 공간, 많은 시도와 도전을 할 수 있는 공간을 만들고 싶었다. 공간이 사람의 행동과 생각에 정말 많은 영향을 끼친다는 것을 알기에 '어떤 인테리어가 예쁠까?' 보다는 '어떤 집으로 만들어야 우리의 생각과 행동에 변화를 줄 수 있을까?'를 생각했다.

우리가 가장 많은 시간을 보내게 될 거실은 우리에게 행복감을 주는 아침 리추얼에 맞게 꾸미기로 했다. 아침마다 나는 책을 읽고 남자친구는 노래를 틀고 커피를 내려 마신다. 그런 행위들과 자연스럽게 어울릴 수 있는 테이블이 필요했다. 각진 사각 형태가 아닌 라운드형 테이블이 좋겠다. 아침의 동선을 부드럽게 만들어줄 뿐만 아니라, 회사에 다니면서 '원형'이 주는 힘을 몸소 느꼈기 때문이다. 회의 공간이 원형일 때, 그리고 의자 높이가 모두 같을 때 더 원활한 대화와 아이디어가 나온다는 것을 경험을 통해 알게 되었다. 또 우리는 집에 좋아하는 사람들을 초대해 식사를 나누는 것을 즐긴다. 그러나 집이 좁기 때문에 평소엔 작은 테이블로 사용하다가 손님들이 왔을 때 크게 펼칠 수 있는 확장형 테이블이 활용도가 더 높을 것 같았다.

우리는 목수에게 접이식 형태의 원목 테이블을 만들어달라고 주문했다. 서재에서 쓰는 책상과 책장도 자유롭게 변형할 수 있는 모듈 방식으로 마련할 생각이다. 언제 어디서든 유연한 변화가 가능하고 자유로운 공간을 바라기 때문이다.

사람마다 집을 꾸미는 기준은 다 다를 것이다. 아이를 키우는 나의 전 직장 동료는 이번에 이사 가는 집은 '아이가 편한 집, 아이의 시선에 맞춘 집'으로 공간을 꾸밀 것이라 했다. 여기에 만들어가는 재미가 있는 집, 즉 완성된 집이 아니라 만들어가는 집이었으면 좋겠다는 이야기를 덧붙였다. 집 꾸미는 기준이 이렇게 다르구나 하면서도 '만들어가는 집'이라는 말은 와닿았다. 우리가 의식하든 안 하든 집과 주인은 서서히 닮아간다. 그렇기 때문에 내가 오래, 자주 생활하는 공간만큼은 정성 들여 만들어갈 필요가 있다.

당신은 어떤 공간에서 살고 있나요?
어떤 공간에서 살고 싶나요?
나를 더 나답게 만들어주는 공간에서 살고 있나요?

어떤 집 또는 어떤 공간을 만들지는 스스로에게 하는 질문에 달려 있다.

글
쓰기

글쓰기의

쓸모를 믿나요?

어렸을 때부터
문구류를 좋아했던 나는
수첩과 다이어리에
뭔가를 많이 쓰곤 했다.

넌 뭘 계속
그렇게 써?

응?
별거 아냐-

다시 꺼내봐도
정말 별것 아닌 것들.

장간고사 끝!
이제 시내로
놀러 나가야지!
신난다~!!

징-재미
있었다.

배고프다

가끔씩 예전 일기를
들춰보며 킥킥대곤 하는데,

ㅋㅋㅋ

불완전하긴 하지만
활자 속에 생생히 남아 있는
감정들을 보면, 그때 뭐라도
남겨둔 나에게 고마워진다.

고마워~
잘했어!

나는 목요일마다
글을 쓴다.

이제 세상은
긴 글을 쓸 수
있는 사람과
못 쓰는
사람으로
나뉘지
않을까?

동료의 한마디에
두려워져 시작한 것인데

목요일의 글쓰기
어느덧 220회

어느새 4년도
훌쩍 넘게 매주
쓰고 있다

소재 고갈의 괴로움도 있고,

오늘은 진짜
쓸 게 없는데...

나를 비웃듯 쳐다보는 빈 화면도
매주 마주하지만

...

엉덩이를 붙이고
모니터를 노려보면
무엇이든 써 버려가게
된다는 믿음이 생겼고

발행

발행했다...

항상 글감을 찾다 보니
일상을 좀 더 섬세히
관찰하게 됐다.

해보니 참 좋은
나와의 약속.
누구나 환영합니다!

목요일의 글쓰기

글을 쓰는
이유는 참 많다.

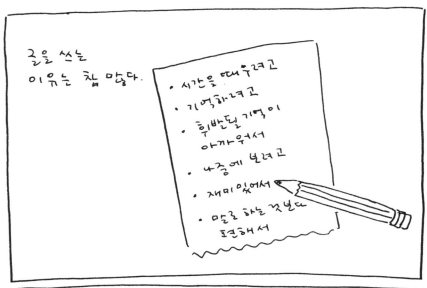

- 시간을 때우려고
- 기억하려고
- 휘발될 기억이 아까워서
- 나중에 보려고
- 재미있어서
- 말로 하는 것보다 편해서

하지만 글쓰기를 좋아하는 가장 큰 이유는,
내 삶의 궤적이 남겨지는 모습을
눈으로 확인하면 안심이 되기 때문이다.

건강과 다이어트를 위해 PT(personal training)를 시작했다. 트레이너에게 "PT는 처음이에요"라고 무심히 말했지만, 사실 나는 이제껏 여러 번 PT를 시도해왔다. 그간 한 번만 나가고 환불받기 일쑤였으니, 아주 새빨간 거짓말은 아닌 셈이다.

그런데 이번 운동은 조금 다른 느낌이다. 예전보다 건강의 소중함을 더 실감해서일까? 하루 중 나에게 오롯이 집중할 수 있는 시간이어서일까? 심리 상담사도 자기에게 맞는 사람이 있듯이, 어쩌면 나는 지금까지 나와 맞는 운동 선생님을 못 만났던 것은 아닐까? 뭐라 단정하긴 어렵지만 처음으로 운동이 재밌다는 생각이 들었다.

물론 사람은 쉽사리 바뀌지 않는 법. 여전히 매일 아침 눈을 뜨면 갈까 말까 고민이 되지만, 무거운 다리를 질질 끌고 가는 이유는 내 몸의 근육 세포가 조금씩 반응하고 있는 게 느껴져서다. 오늘은 한평생 잠자고 있던 팔과 어깨 사이의 근육을 건드렸다. 안 써본 근육일수록 더 아팠지만 배겼다 풀리면 그렇게 개운할 수가 없었다. 한번 배겼던 근육은 그다음에는 제법 단단해져 있어 제아무리 무게를 쳐도 더는 비명을 지르지는 않았다.

PT를 받으러 갈 때마다 나는 아이러니하게 글쓰기 모임을 떠올린다. 몸의 근육을 쓰는 일이 머리와 마음의 근육을 쓰는 글쓰기와 비슷하다는 생각이 들기 때문이다. 친구들과 매주 목요일마다 글을 쓴 지 5년이 되었다. 일명 '목요일의 글쓰기'라 부르는 이 모임은 석촌동 카페에서 친구들과 가볍게 시작한 글쓰기가 선택적 자유를 넘어서 의무와 책임으로 발전한 정기 모임이 되었다.

특별한 주제를 정해놓고 시작한 글쓰기도 아니고, 글을 쓰지 않는다고 해서 벌금을 내는 것도 아니지만 약속인 만큼 의식하지 않을 수는 없다. 트레이너와 정한 시간에 운동을 가야 하는 것처럼, 매주 목요일만 되면 가슴 한구석에 뭔지 모를 부담감이 쌓였다. 일이 바쁘거나 다른 약속이 있다는 이유로 빼먹으면 괜히 숙제를 안 한 것 같은 기분이 들었다. 그렇게 마음이 짓눌리다가 막상 쓰고 나면 속 시원한 게 또 글쓰기였다. 5년이라는 시간 동안 그만두지 않고 글을 써올 수 있었던 이유는 아마도 한 번도 써보지 않았던 '마음의 근육'을 하나씩 만질 수 있었기 때문일 것이다.

글을 쓰는 일은 내가 말로 표현할 수 없는 다채로운 감정의 근육을 건드리는 시간이다. 운동 앞에서 내 몸의 한계에 솔직해질 수밖에 없는 것처럼 글을 쓸 때도 내 감정에 솔직해졌다. 자연히 안 써봤던, 미처 신경 쓰지 못했던 마음의 근육들이 배겼다 풀렸다 했다. 그러는 동안 마음의 근력이 점점 높아져갔다. 몸의 근육만큼이나 마음의 근육이 중요하다는 것도 알게 되었다. 마음의 근육은 무기력하고 우울한 감정을 멀리하고 정신적인 면역력을 높여주는 데도 큰 도움을 준다. 배우 유아인도 우울증 때문에 힘들어하는 동료 배우들에게 글을 써보라는 조언을 했다고 하지 않는가.

또 다른 수확이라면 마음의 근육통을 두려워하지 않게 되었다는 것. 정확히 말하자면 새로운 근육을 건드리는 일을 자처하게 되었다는 사실이다. 늘 쓰는 근육만 쓰면 아플 일이 없는 것처럼, 익숙한 일만 하면 피곤할 일은 없을 것이다. 하지만 건드리지 않는 몸과 마음의 근육을 자꾸 써보는 것이야말로 우리 인생의 재미(혹은 모험)가 아닐까? 물론 아직까지는 안 써본 근육이 많은 나이기에 매일같이 근육통에 시달리지만, 이 통증의 끝엔 분명 튼튼한 근육들이 자리 잡을 거라는 마음으로 '새로운 힘듦'을 스스로 자처해본다.

기 록

왜
아무것도
적지 않아요?

왜 그렇게 쓰는 거예요?

라는 질문을 받았을 때

어.. 역을해서요!

생각해보기도 전 무의식적으로 튀어나온 대답에 놀랐다.

그러고 나서 곰곰이 생각해 보니, 또 이보다 적절한 이유도 없다.

나에게 기록이란, 벽에 쓰는 낙서 같은 것.

김유림 왔다감.

나라는 존재가 여기에 있었음을, 또 머릿속에 점멸하는 생각들이 분명히 존재했었음을 증명하기 위해 쓴다.

동시대, 크게 다르지 않은 삶을 산 두 사람이 있다고 가정할 때,

누군가의 삶은 기록했다는 이유로 영원히 남지만,

기록하지 않은 삶은 기억 저편으로 사라져버리기 마련이다.

그러나 내가 집착하듯 기록을 하는 이유는 단 하나.

휘발되어버리는 것이 '두렵고 억울해서'다.

어떤 형태로든 내 삶의 족적이 남아 있단 안도감과

쌓여갈수록 나를 닮아가는 기록물들이 언젠가는 나보다도 커지지 않을까 하는 기대감으로 오늘도 기꺼이 기록을 이어간다.

세상에는 두 부류의 사람이 있다. 기록하는 사람과 기록하지 않는 사람. 하루는 누구에게나 똑같이 주어지지만, 기록하지 않으면 잊히고 어떤 형태로든 기록한 시간은 남는다. 그리고 기록이 쌓이면 뭐라도 된다.

내 이름 앞에 '기록자'라는 소개를 덧붙이게 된 것은, 지승호 작가 덕분이다. 전문 인터뷰어로 50권이 넘는 기록물을 남긴 그가 스스로를 정의한 그 단어가 마음에 든 것이다. "인스타그래머, 유튜버, 블로거입니다"라고 소개할 때마다 매체에 한정된 표현이 늘 아쉬웠는데, 기록자라고 하니 매체에 매이지 않고 전문적인 느낌까지 들어 그 적확함이 좋았다.

첫 직장에서 일을 잘하기 위한 기록을 남기다 마케터가 되었고, 블로그에 쌓아온 포스팅 덕에 이직 제안을 받았으며, 무수히 쌓인 글과 사진을 재구성해 『기록의 쓸모』 『별게 다 영감』이라는 책을 출간하기도 했다. 내가 보고 듣고 경험하고 생각한 것들을 성실하게 기록했을 뿐인데, 여러 기회가 찾아왔다. 어쩌면 기록 하나로 나라는 사람의 존재감이 생겨났다고 해도 과언은 아닌 것 같다.

그뿐만 아니다. 기록은 내 삶의 목표도 바꿔놨다. 마케터가 되는 게 유일한 목표였던 내가 이제는 성취 중심의 꿈보다는 내실 중심의 꿈을 꾸게 되었다. 바로 '꾸준하게 하고 싶다'는 목표가 생긴 것이다. 예전에는 '일 방문자 수 2천 명 이상', '파워 블로거 선정' 등과 같은 목표를 세웠다면 지금은 그런 것에 연연하지 않고 꾸준하게 남기고 싶다는 쪽으로 바뀌었다. '성실하게 하루하루를 기록하자'가 제1의 목표가 되었달까.

주변에서 어떻게 그렇게 매일 뭔가를 쓰고 기록을 남기느냐고 자주 묻는다. 나 역시 기록이 일처럼 느껴지는 순간에는 애쓰지 않는다. 하고 싶다는 마음이 들 때, 그 불씨가 꺼지기 전에 노트든 스마트폰이든 꺼내 든다. 더 쉽게 무엇이든 막 적을 수 있도록 가벼운 마음을 유지하는 게 노력이라면 노력이겠다. 무엇보다 해가 바뀌면서 달라지는 나의 생각들을 파노라마처럼 볼 수 있어서 의미 있다.

미국의 뮤지션이자 작가인 패티 스미스가 쓴 『몰입』(마음산책)이라는 책에 이런 문장이 나온다.

우리는 왜 글을 쓰는가? 합창이 터져 나온다.
그저 살기만 할 수가 없어서.

내 삶을 기록할 사람도 나 한 사람뿐이다. 내가 아니면 이 지루하고 평범한 드라마를 봐줄 사람이 없어서 나는 적는다. 쓰면서 나아지는 마음들과 나를 이룬 것들, 나의 변화를 보기 위해서 나는 쓴다. 그렇게 나의 시간을 보려고 한다.

달
리기

자신을 위해
뛰어본 적
있나요?

꿀 우린 늘 어디론가
쉴 새 없이 달린다.

영문도 모른 채, 목적지도 모른 채
모두가 달리고 있으니
얼떨결에 함께 달린다.

잠깐, 근데
? 어딜 가는 거지?

숨 돌리며 잠시 생각하는 틈,
사람들은 이미 저 멀리 있다.

우리가 평생 끊임없이 달리는
이 길의 끝에는 무엇이 있을까?

과연 무언가가
있기는 한 걸까?

아니,
끝이 있기는
한 걸까?

슬렁슬렁 가다가
그늘에서 낮잠도 자고

중간중간 한눈도 팔고

키보드도 타고,

마음에 드는 곳을 만나면
렌트 치러 살아도 보고

오늘은 어떤
장면을 만날까?

달리기보단
여행자의 가벼운
발걸음으로 살고 싶다.

급한 것 없이,
그저 내 속도대로.

"승희 님, 스트레스는 어떻게 극복하시나요?"

"저는 달리기를 합니다. 달리다 보면 맥박이 뛰고 혈액 순환이 되어서 기분이 나아지더라고요. 힘들 때는 그냥 운동화를 신고 뛰러 나가보세요."

오늘도 달렸다. 내 페이스는 1킬로미터에 6분 30초. 천천히 오래 달리고 싶은 날에는 7분 대의 페이스를 유지하고 전력 질주를 하고 싶은 날에는 5분 20초 정도 나온다. 이제는 내 페이스를 알게 되어 때에 따라 조절할 수 있다. 나에게 맞는 속도를 찾은 것 같다.

달리기는 내가 뛰고 싶을 때 뛰고 걷고 싶을 때 걸을 수 있는, 오롯이 내 판단과 의지로만 나아가는 행위이기에 나에 대해서 잘 알게 되는 운동이기도 하다. 회사에서 안 좋은 일이 있거나 스트레스를 받은 날, 일을 너무 못해서 자괴감이 든 날, 동료들과 언쟁이 있었던 날, 남자친구와 헤어진 날… 가슴이 답답하고 머리가 무거울 때마다 나는 뛰러 나갔다. 뛰면 무거웠던 머리가 점점 가벼워지고 복잡했던 생각들은 잊힌다.

달리기는 나에게 잘 해내야 한다고 부담감도, 압박감도 주지 않는다. 어디까지 가야 한다는 스트레스도 주지 않는다. 바닥에서 떨어진 내 발이 더 오래 허공에 머물기를, 무중력 상태가 될 때까지 가볍게, 더 가볍게 움직이기만을 바라며 뛰기만 하면 된다. 그래서 마음에 있는 것들을 더 많이 비워낼 수 있는 저녁 달리기를 좋아한다.

1968년 보스턴 마라톤 대회에서 우승한 미국의 마라토너 앰비 버풋은 그의 저서 『달리기가 가르쳐준 15가지 삶의 즐거움』(궁리출판)에서 달리기에서 중요한 것은 얼마나 빨리 달리느냐 하는 문제도, 얼마나 긴 거리를 달리느냐도 아니라고 이야기한다. 달리기는 그저 하나의 과정일 뿐이라고. 맞다. 진정한 승자는 결승선에 제일 처음으로 들어오는 사람이 아니라 한 발 한 발 내

디디며 그 속에서 자신을 발견하는 사람일 것이다. 하루하루가 버거울 때마다 비울 수 있게 해주는 운동이 있다는 것은 얼마나 다행인가.

생각해보니 일과 달리기는 참 닮아 있다. 차근차근 하다 보면 언젠가 성장해 있는 나 자신을 발견할 수 있다는 점, 같은 업무를 하더라도 어제보다 오늘이 더 수월하다는 점, 누구와도 비교하지 않고 나만의 속도로 가면 된다는 점에서.

덕

질

무언가를
열렬히
좋아한다는 건?

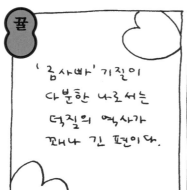

꿀

'금사빠' 기질이
다분한 나로서는
덕질의 역사가
꽤나 긴 편이다.

게다가 그 짧은도 촘촘을 수 없이
다양하게 덕질을 해왔는데

사랑해!!

브랜드   문구
힙합   태국
존 카니   2PM
킥보드

쉽게 설득당하고
마음을 주는 것도 특기라고
할 수 있을지
몰라도

각자의 이유로 좋아한
것들이 삶에 도움이
된 건 분명하다.

덕후

우선 좋아하는 마음
자체가 일상에
활력을 주고

아 참, 그거 봐야지!

벌떡

누군가 시키지도 않은 공부를
하면서 잡지식이 쌓이기도 하며

일을 할 때도 꽤 도움이 된다.

XX 가수 3집은 늘 하던 스타일에서 벗어나서 충격적이었지.

이번에는 우리도 변주를 주면 어떨까?

무언가를 열렬히 좋아해봐야만 뭔가를 좋아하게 만들 수 있지.

자주 들었던 상사님의 말처럼.

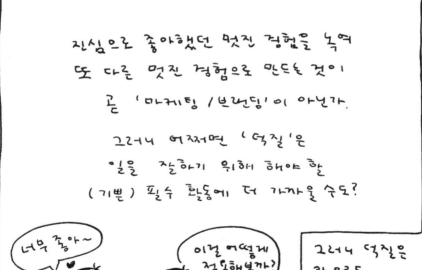

진심으로 좋아했던 멋진 경험을 녹여 또 다른 멋진 경험으로 만드는 것이 곧 '마케팅/브랜딩'이 아닌가.

그러니 어쩌면 '덕질'은 일을 잘하기 위해 해야 할 (기쁜) 필수 활동에 더 가까울 수도?

너무 좋아~

이걸 어떻게 적용해볼까?

그러니 덕질은 앞으로도 쭉─

계속됩니다.

덕질에 관한 흥미로운 연구가 있다. 강원대 간호학과 박현주 교수 팀이 2020년 11월 애니메이션·피규어·만화·음악·연예인 등과 관련한 콘텐츠를 전시한 한 박람회장을 찾은 대학생 236명을 대상으로 설문 조사를 수행한 결과 '덕질 그룹 대학생'의 행복감이 '비덕질 그룹 대학생'보다 눈에 띄게 높았다고 한다. 연구 팀은 논문에서 "덕질 활동은 자신이 관심을 기울이게 되는 분야에 집중하고, 심취하며, 이를 통해 행복감을 느끼는 행동이 될 수 있다"고 밝혔다.

무언가를 깊이 좋아하는 사람들을 보면 나도 덩달아 행복해질 때가 있다. 열정적이다 못해 끓어넘치는 에너지를 쏟아본 경험은 나에게도 있다. 나의 첫 덕질은 초등학교 때 <god의 육아일기>를 본 날부터 시작되었다. 그 전까지 god의 노래를 좋아하기는 했지만 팬이라고 자처할 만큼은 아니었다. 그런데 재민이를 돌보는 그 무해한 모습에 내 마음도 무장해제가 되었다. 입덕의 순간이었다. 그렇게 나는 책가방에 하늘색 풍선 뱃지를 단채 학창 시절을 보냈다.

이후 무수히 많은 입덕과 탈덕을 지나 머글(덕후가 아닌 사람)의 시기를 보내다가 빈티지 컵에 꽂히게 되었다. 컵에 박힌 오래된 캐릭터들은 왜 이렇게 친근하며, 과거의 색감은 또 왜 이렇게 멋스러운지. 특히나 내가 애정하며 모았던 빈티지 컵은 나의 최애 '호돌이(88올림픽 마스코트)'가 그려진 것이었고, 규림은 '꿈돌이(1993년 대전 엑스포 마스코트)' 파라서 꿈돌이 컵이라면 기꺼이 지갑을 열었다. 최애를 발견할 때마다 끓어오르던 기쁨, 그것을 가졌을 때 차오르는 만족감은 무료한 일상 곳곳에 숨어 있는 보물을 캐는 기분이었다.

BTS 슈가는 한 인터뷰에서 덕질에 대해 이야기한 적이 있다.

"저는 삶에 있어서 어느 정도 '덕질은 필수'라고 생각을 하거든요. 사람에 대한 덕질, 스포츠에 대한 덕질 등을 다 떠나서 어떤 것에 '팬'이 돼야 된다고 생각을 하는데, 살아가는 재미가 있거든요, 내일 아침 눈 떠서 NBA 경기 플레이오프를 기대하는 것처럼요. 어떤 사람은 그렇게 제 음악이 나올 때를 기대하고 있을 거고, 공연하기를 기대하고 있을 거예요. 살아가는 데 있어서 어떠한 기대감을 가지고 살 일이 많지가 않잖아요." *

슈가의 말처럼 좋아하는 대상이 생기면 기다림은 하루하루 의미 있는 기대감을 선사한다. 그래서 나는 오늘도 입덕의 순간을 기다린다.

어렸을 때 어른들은 덕질이 밥 먹여주냐며 타박을 참 많이 했다. 그때는 속으로만 '안 될 이유가 있나?' 하고 대꾸하고 말았지만 이제는 밥 먹을 힘을 주는 것을 넘어 밥까지 먹여준다는 데에 내 호돌이 컵을 걸겠다. 2018년에 <SOJU>라는 노래를 발표하고 예능 프로그램에 나와서 소주가 좋다고 말하던 박재범은 '원소주'라는 브랜드를 론칭했다. 출시된 지 1년도 안 되어 족족 완판되는 것은 물론, 미국 벤처 회사의 투자 유치까지 성공했다. 좋아하는 마음에는 엄청난 가능성이 있다.

무언가를 좋아하는 마음은 힘이 세다. 삶의 즐거움이 될 뿐

● 글로벌 팬덤 라이프 플랫폼 위버스(Weverse) 인터뷰 중

아니라 생산적 활동으로도 이어지고, 커뮤니티를 만들며 선행을 이끌기도 한다. 팬덤의 기부는 이제 하나의 문화로 자리 잡은 지 오래다. 하지만 무엇보다도 덕질이 좋은 것은 내가 행복해지는 활동이라는 점이다. 이보다 결정적인 이유는 없지 않을까. 나이 들어도 좋아하는 것에 흠뻑 빠질 수 있는 덕후가 되고 싶다.

좋아하는 게 많아도, 너무 많아도 괜찮다. 마음이 힘들 때마다 하나씩 꺼내 먹으면 되니까.

좋아하는 마음에는
엄청난 가능성이 있다.
무언가를 좋아하는 마음은
힘이 세다.

독
서

당신이 읽은 책이
당신을 말해준다면?

꿀

활자 중독까지는 아니더라도, 계속해 무언가를 읽어야 안정되고 즐거움을 느끼는 나.

그건 내게 독서는 자기 계발보다는 뭔가로써 시간을 보내는 수단에 더 가깝다.

딱히 목적이 있기보단 그저 그 시간이 좋아서 하는 독서,

숨 쉬듯 해왔던지라 딱히 특별하게 여기지 않던 책 읽기가 어쩌면 내게 훨씬 더 큰 의미를 가질 수도 있겠구나 싶었던 건,

일론 머스크의 삶을 바꾼 책 리스트를 보고 나서였다.

일론 머스크의 가치관과 사업 구상에 큰 영향을 미친 책들.

1. 반지의 제왕
2. 은하수를 여행하는 히치하이커를 위한 안내서

리스트를 보는데, 그의 행보가 고스란히 그려져 묘해우웠다.

오-
그래서...

어떤 책들은 새로운 세상으로의 통로가 되고,

또 어떤 책들은 사람이 걸어가는 길이 되기도 한다.

책이 한 사람에게
미칠 수 있는 영향력이
이토록 큰 모습을 보니

나도 내게 영향을 가장 많이
미친 책 10권을 꼽아보고 싶어졌다.
고심해서 고른 10권의 책을 놀랍게도...

이거 인터뷰 같음
나잖아?

지능이 나,
그 자체였다.

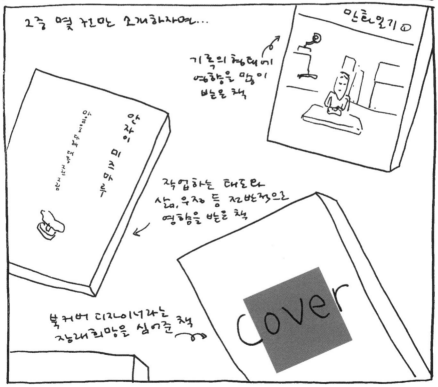

그중 몇 권만 소개하자면...

만화일기 ①

기록의 형태에
영향을 많이
받은 책

안 자 이
미 즈 마 루

이마즈 미즈마루 지음

작업하는 태도나
삶, 우정 등 전반적으로
영향을 받은 책

북커버 디자이너라는
장래희망을 심어준 책

COVER

● 김도영, 『기획자의 독서』 위즈덤하우스, 2021

예전 회사를 다닐 당시 회사 복지 중 하나로 '도서비 지원'이 있었다. 이 도서비 지원은 나뿐만 아니라 많은 구성원들의 삶을 바꿨다. 만약 복지 포인트의 일환으로 지원해주었다면 책 말고 다른 것을 샀을지도 모르겠다. 당시에는 책을 우선순위로 두지 않기 때문이다. 오직 도서만 구입하도록 강제한 덕분에 회사를 다니는 6년 동안 나는 책을 원 없이 읽었다. 그 제도가 나를 '읽는 사람'으로 만들어주었으니 인생을 바꿨다고 해도 과언이 아니다.

그런데 '도서비 지원'에는 흥미로운 조건이 하나 있었다. 오프라인 서점에서만 구매해야 한다는 점이었다. '굳이?'라고 생각하는 사람들이 있을지도 모르지만 이 조건에는 깊은 뜻이 있다. 서점에 직접 가서 여러 책을 살펴보고 고르고 구매하는 경험을 했으면 하는 것이 이 복지의 취지였던 거다. 덕분에 퇴근 후에도, 주말에도, 여행지에 가서도 서점이 있으면 무조건 들렀다. 지역 서점을 돌아보면 그 지역에서 사랑받는 작가와 책을 확인하는 재미도 쏠쏠했고, 서점의 큐레이션에 따라 숨은 양서를 발견하기도 했다.

기분이 꿀꿀한 날에 회사 앞 교보문고에 가는 것도 제법 마음을 지키는 데 도움이 되었다. 우연히 발견한 책의 문장에서 따뜻한 위로를 받기도 하고, 책장 사이에 자리를 잡고 앉아 시간을 유유히 흘려 보내면서 고민의 답을 찾기도 했다. 그게 조언인 날도 있고, 위로인 날도 있고, 잠시의 웃음인 날도 있었다. 더 나아지고 싶거나 공부가 필요하다는 생각이 들 때면 경제경영이나 자기계발 코너로, 어딘가로 떠나고 싶을 때나 쉬고 싶을 때는 여행이나 문학, 만화 코너를, 자존감이 많이 내려가 있을 때는 에세이나 인문학 코너로 간다. 서점에서 그렇게 시간을 보내는 것만으로도 조금 나아졌다.

어느새 나에게 서점은 단순히 책을 사는 곳이 아닌 그 이상의 장소가 되어 있었다. 서점의 냄새, 백색 소음, 오고 가는 사람들의 단순한 움직임, 시야를 가득 메우는 활자가 말을 건네는 세계. 존재하는 것들의 공간이자 출판인의 노고가 가득한 곳. 직접 가서 보면 사려고 했던 책뿐만 아니라 그날 내 시선을 사로잡는 책도 만날 수 있어서 여러모로 나를 키운 복지였다. 광고를 보고 선택하는 경우보다는 내 시선을 사로잡는 책이 나는 더 좋았다.

독서가 낯설다면, 무엇을 읽어야 할지 모르겠다면, 트렌드를 알고 싶다면, 기분이 꿀꿀하다면 그냥 서점에 가보기를 추천한다. 책의 공기를 느끼는 것부터가 독서의 시작이 될 수 있다.

어떤 책들은 새로운 세상으로의
통로가 되고, 또 어떤 책들은
사람이 걸어가는 길이
되기도 한다.

물
건

'인생 물건'이
있나요?

풀 사람보다는 물건에 더 애착을 느끼는 나.

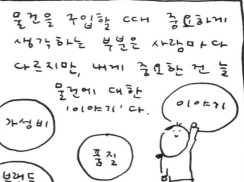

물건을 구입할 때 중요하게 생각하는 부분은 사람마다 다르지만, 내게 중요한 건 늘 물건에 대한 '이야기'다.

이야기

가성비

품질

브랜드

그래서 그 이야기를 들을 수 있는 상세페이지에 집착하는 편인데,

사소한 정보들일지라도 알게 되는 순간부터는

오, 이런 비밀이 숨어 있었군~

구매하고 기다리는 과정도 즐거워질 뿐 아니라

매일 일상에서 물건들을 마주할 때마다 다양한 이야기를 떠올릴 수 있다.

172

그러고 반면
생산자의 입장에서
정보를 전달할 때,
생산 과정에서
익숙해져 특별하다고
생각하기 힘든
부분들이 있는데,

열심히 만들었으니
알아주겠지~

소비자의
입장에서는
작은 정보라도
말해주지 않으면
알 길이 없다.

이건 이렇게
만들기
시작했고요~

이래서
좋아요~

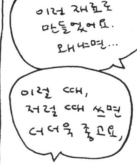

이런 재료로
만들었어요.
왜냐면...

이럴 때,
저럴 때 쓰면
더더욱 좋고요,

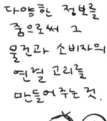

다양한 정보를
줌으로써 그
물건과 소비자의
연결 고리를
만들어주는 것.

때때로 결과물을
만들었다는 뿌듯함에
심취해 간과하곤 하지만,

뿌듯행~

좋은 물건을 만든 데 들인
노력만큼 물건의 이야기를
전달하는 노력도 중요하단 점을
생산자 이전 소비자의 관점으로
오늘도 되새겨본다.

TMI 상세페이지를
사랑합니다~

소설가 김연수의 여행 산문집 『언젠가, 아마도』(컬처그라퍼)에서 좋아하는 문장이 있다.

모든 삶을 다 살 수 없으니, 나는 연필을 사겠다.

그와 달리 나는 연필만으로는 모든 삶을 살 수 없으니 최대한 많이 사고 있는 중이다. 작가에게 연필이 있다면 나에겐 어떤 물건이 있을까?

나는 여행을 자주 가는 편인데, 여행에서 돌아올 땐 캐리어에 한가득 여행지에서 산 물건들을 담아온다. 나에게 영감을 주는 것, 내 삶을 더 풍성하게 만들어주는 것, 그냥 예뻐서 보기만 해도 좋은 것, 나의 경험을 확장시켜주는 것, 누군가에게 선물하고 싶은 마음에 사 오는 물건도 있었다. 때론 오래된 물건을 사 오기도 한다. 오래된 물건은 소유하는 것만으로 그 시대의 한 조각을 내 주머니에 넣는 느낌이 들어 좋다. 그 당시의 이야기와 누군가의 추억까지 고스란히 사는 것 같아 재밌다.

물건이 추억의 매개체가 된다는 생각 때문일까. 요즘은 무언가를 살 때 그것이 내게 줄 영향력에 대해서도 생각하게 된다. 그래서 사기 전에 이런 질문을 던진다.

'이 물건들이 나에게 어떤 영향을 주기를 원하는가?'
'나의 생각과 행동에 변화를 줄 수 있는 물건인가?'
(사실 충동적으로 살 때도 많지만….)

얼마 전 나는 정말 그런 물건을 만났다. 하루 중 가장 많은 시간을 보내게 될 거실에서 쓸 큰 테이블 하나가 필요했다. 혼자 쓰는 테이블이 아니라 결혼할 남자친구와 함께 쓸 테이블이라 크기며 모양이며 모든 면에서 마음에 드는 물건을 찾기가 꽤나 힘들었다. 거실의 테이블은 식탁도 되고, 독서대도 되고, 작업 공간도 될 수 있어서 1퍼센트의 아쉬움만 있어도 불편함을 줄 수 있을 것만 같아 비용과 시간이 더 들더라도 우리가 원하는 크기, 모양, 재료로 주문 제작을 하기로 했다. 약 한 달 뒤, 확장 가능한 타원형 테이블이 집에 배달되었다. 대만족이었다. 그곳에 앉아 도란도란 대화를 나누며 서로에 대해 더 많이 알아갔고, 함께할 미래를 계획했다. 또 손님이 오면 테이블을 넓게 펴서 대접할 음식을 부족함 없이 올릴 수 있었다. 우리 집에 온 테이블은 반려인과 사랑하는 사람들을 넉넉히 품으며 우리의 일상을 더욱 풍성하게 만들어주었다.

인생의 중요한 순간들은 때론 어떤 소비로 인해 일어나기도 한다. 침대를 바꾸었더니 잠의 질이 좋아졌다거나 테이블을 바꾸었더니 함께 사는 사람과 대화하는 시간이 많아지는 것처럼. 나는 그 테이블을 사며 내가 바라는 라이프 스타일도 함께 산 것이다.

'설레지 않으면 버리라'고 한 일본의 정리 컨설턴트 곤도 마리에 같은 미니멀리스트가 있는 반면, 나같이 물건이 생각과 행동을 변화시켜줄 거라고 믿으며 껴안고 사는 사람도 있는 것이다. 설레니까 사는 수밖에.

백
수

백수가 되면

무엇을

하고 싶은가요?

하루 일과

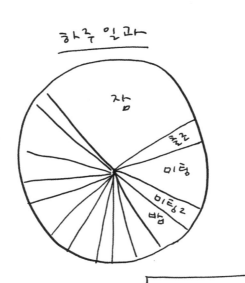

그간 얼마나
빽빽한 나날을 살았던가
새삼 깨닫았다.

물론 그 이후로는
잠 놓고 잘 잠...
ㄹㄹ
ㄹ
(인간은 적응의
동물)

어쩌면 이 사실을
직감한 것만으로도
방학 생활의 의미는
충분하다는
생각이
들었다.

(여백에
어색해하는 중)

———

2019년 가을, 퇴사를 했다. 여전히 바쁘게 살고 있으니 크게 달라진 것은 없다. 달라진 것이 있다면 이메일 서명란에 '직함'이 아닌 이름을 쓴다는 것. 대단한 건 아니지만 내 이름 석 자를 쓸 때마다 그저 나로 평가받는 것 같아서 괜히 기분이 좋다. 그런데 사람들의 생각은 좀 다른 모양이다. 백수인 나에게 자꾸 "뭐라고 불러야 할까요? 프리랜서로 일하고 계세요?"라고 묻는다.

이런 질문을 수도 없이 받다 보니 이럴 거면 그에 걸맞은 직함과 소속을 만들어버리자는 생각이 들었다. 그래서 규림과 함께 무소속 백수 듀오 '두낫띵 클럽(Do Nothing Club)'을 결성한 것이다. 우리를 설명할 정체성을 만들자는 취지도 있었지만 회사를 그만둔 후에도 무언가를 지나치게 열심히 하려는 마음에 브레이크를 걸기 위함도 있었다. 그런데 졸지에 '클럽장'이 되고 말았다. 재밌는 것은 백수라고 말할 때보다 "두낫띵 클럽의 클럽장, 이승희입니다"라고 말할 때 사람들이 더 편하게 받아들인다는 사실이었다. 아무것도 하지 않겠다고 하면서 누구보다 열심히 놀고 있는 우리의 활동이 재밌어 보였는지 '두낫띵 클럽'의 멤버가 되고 싶다는 연락도 많이 받았다.

나를 소개하는 일에 신경을 쓰면서부터 다른 사람들의 소개가 눈에 들어오기 시작했다. 직업이나 소속이 아닌 자기만의 기준으로 스스로를 소개하는 친구들이 꽤 많아 흥미로웠다. 누구보다 문구를 좋아해 책까지 낸 규림은 자신을 문구인(文具人)으로 소개하고, 독립 출판의 방식으로 여러 권의 책을 출간한 친구는 프로필에 책의 링크와 함께 '달리기, 정준일, 글쓰기를 좋아합니다'라는 문장을 적어두었으며, 고양이 네 마리와 함께 사는 유튜브 크리에이터 웃디는 '고양이 넷, 사람 하나'라고 자신의 방향성을 한 줄로 보여주었다. 내 인생 멘토인 메타 글로벌 비즈니스 마케팅 동북아시아 총괄 서은아 상무님은 스스로를 '응원 대장'이라고 소개하신다.

이렇게 좋아하는 것, 자신이 추구하는 궁극적인 방향으로 자신을 브랜딩하면 소속이 사라져도 정체성이 흔들리지 않는다. 방향은 바뀔지언정 그 자신은 바뀌지 않기 때문이다. 서은아 상무님은 자신의 이름 앞에 '응원 대장'이라는 소개를 단 배경에 대해서 이렇게 이야기하셨다.

"회사의 소속을 바꿀 때마다 내가 바뀌는 것도 아닌데 나의 소개가 전부 바뀌어버린다는 것이 아쉬웠어요. 나는 누구인 건지, 그리고 내가 앞으로 어떤 사람이 되어갈 건지, 나라는 사람을 표현할 단어가 무엇인지 생각할 필요가 있다고 느꼈어요."

실제로 상무님은 '응원 대장'이라고 자신을 소개한 이후로 많은 변화가 있었다고 하셨다. 응원이 필요한 사람들이 "저 너무 에너지가 다운됐어요" "자존감이 너무 떨어졌어요" 하면서 찾아오기 시작했고, 함께 시간을 보낸 뒤 기운을 차리고 돌아가는 이들의 모습을 보며 '응원 대장'이 되길 잘했다고 느꼈다고. 이렇게 자신의 진짜 알맹이로 스스로를 정의하고자 한다면 진지하고 다정한 자기 관찰이 반드시 필요하다.

이제 나는 자기소개를 할 때 내가 하는 일 대신 내가 좋아하는 것으로, 남들이 불러주는 나 대신 내가 부르고 싶은 나로 채운 표현을 선택한다. '두낫띵 클럽'은 누구보다 바쁜 백수의 은은한 광기로 시작되었지만, 그 자기소개를 통해 나라는 사람의 또 다른 한 조각을 만난 셈이다. 아니, 내 알맹이의 모습을 봤다고 해야 할까. 언제나 궁금한 게 많고 좀체 가만히 있지 못하고 재미를 좇는 그 알맹이 말이다.

현재 내가 어떤 상황에 있는가보다는 내가 나를 어떻게 바라보고 있는지가 중요하다. 나는 또다시 백수가 될 테고, 언제까지나 같은 자리에 있지도 않을 것이다. 불려지는 대로 살지 않기 위해 다음과 같은 다짐을 새겨두었다.

1. 나를 세상의 기준대로 규정하지 않을 것.
2. 나를 여러 개의 자아로 규정할 것.
3. 내가 규정한 대로 변화해갈 것.

앞으로 또 어떤 변화가 찾아올지 모르지만 확실한 건 내가 정한 나로 불릴 때에 내가 가장 행복하다는 사실은 잊지 말자.

소
비

**살까 말까 할 때
어떻게
하나요?**

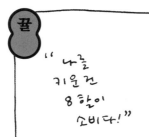

꿀

" 나를
키운 건
8할이
소비다!"

내 소비 계정들의
소개말이다.

새로 샀어~

그렇다. 나는 소비를
참— 좋아한다.

돈을 쓰는 순간도
짜릿하지만,

그보다 훨씬 더 짜릿한 건
소비를 통해 만나는 새로운 세계다.

소비

종종 물건을 통해

경험해보지 못했던
신세계를 마주한다.

그래서 소비는
새로운 세계로의
문인 셈.

소비

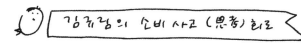

깡쥐깡의 소비 사고 (思考) 회로

1 새로운 물건을 발견한다.

2 상세페이지들과 후기를 차차히 읽어보고 디깅(digging) 한다.

"오늘은 이런 기술도 있군!"

"우와... 이런 의도가..."

3 그 물건이 내 삶으로 들어온 모습을 상상하며 망상을 즐긴다.

이 과정을 충분히 즐긴 후에

4 결제 버튼을 누른다.

할까 말까 할 땐 하고, 살까 말까 할 땐 사세요.

그 돈과 시간만큼의 자산을 남기면 됩니다.

최선을 다해 경험합시다. *

    주니어 마케터 시절, 어떻게 하면 돈을 알뜰살뜰하게 모을까 고민하던 내게 '살까 말까 할 땐 사라' '마케터가 얼마만큼 경험하느냐에 따라 마케팅 실력에도 차이가 난다'고 옆에서 이야기하던 한 상사가 있었다. 그분의 코칭으로 나는 언젠가부터 경험을 소비하는 것에 망설이지 않는 '경험 소비' 예찬론자가 되었다. 무턱대고 소비를 즐기거나 최저가, 가성비만을 좇지 않고 소

● 장인성, 『마케터의 일』 북스톤, 2018

비하는 나를 관찰하면서 직접 소비자의 입장이 되어보는 경험을 쌓는다면 실패한 소비가 아니라는 뜻이다. (내게 이런 조언을 아끼지 않은 상사는 배달의민족 장인성 상무님으로, 이 책의 추천사를 써주셨다.)

내가 생각하는 경험 소비란, 경험 자산을 쌓기 위한 모든 소비를 말한다. 지갑에서 카드를 꺼내 들 때 '이건 마케터로서의 경험을 사는 거야' 하면서 자기 위안을 삼은 날도 있었지만 많이 사본 덕분에 얻은 경험도 많았다. 이를테면 소비를 할 때 유체이탈하여 그것을 사고자 하는 나의 사고 흐름을 면밀히 관찰해보는 것이다. 어떤 물건을 살 때 내가 패키지 때문에 사려는 것인지, 프로모션 이벤트 때문에 사려는 것인지, 혹은 기능이 같은데 더 비싼 브랜드를 사려는 이유가 무엇인지, 한참을 들여다보고는 안 산 이유가 무엇인지를 분별해보는 것이다. 특별히 인상적인 소비 경험이 있었다면 잊지 않도록 기록해두기도 한다. 마케터라는 직업을 가진 사람은 무언가를 고르고 살 때 느끼는 감정을 역으로 써먹어야 하기 때문에 기록을 통해 그런 경험을 자산으로 남기는 셈이다. 그 경험이 많은 마케터일수록 더 잘 파는 마케터가 될 수 있다고 나는 믿는다.

그래서 마케터가 된 이래로 경험 자산에 투자하는 데에 돈을 아끼지 않고 있다. 물론 내 재정 수준을 넘어서지 않는 수준에서다. 리미티드 에디션으로 나온 제품은 꼭 사보고, 한 끼를 먹더라도 맛집을 찾고, 주말이면 리뷰가 좋았던 곳으로 여행을 떠난다. 사람들이 왜 한정판에 열광하는지, 왜 줄을 서서 기다리면서까지 그 집에서 밥을 먹는지, 왜 힘들게 예약을 해서라도 그곳에서 묵는지는 직접 해보지 않으면 정확히 모를 테니까. 비록 당장 통장에 자산이 쌓이지는 않을지언정 경험 자산이 풍부해졌으니 밑지는 투자는 결코 아니다.

『좋은 감각은 필요합니다』(인디고)의 저자 마쓰우라 야타로는 좋은 감각을 기르기 위해서는 진짜 경험이 필요하다고 말한다. 상상하는 정보만으로는 좋은 감각을 절대 기를 수 없다고 한다. 소셜 미디어를 통해 대리 경험을 하는 대신 직접 가보고, 먹고, 만져보고, 입어보고, 읽어보는 수밖에 없다. 마케터의 쓸모가 경험에 비례한다는 생각에 나는 오늘도 기꺼이 거리로 나간다. 돈 쓴 만큼, 아니 그보다 더 많이 느끼고 경험하고 싶다.

소셜
미디어

잘 연결되어
있나요?

꿀 가끔씩 많은 것들의 시작을 떠올려보면,

이러로 많은 부분이 소셜 미디어로부터 시작됐음을 깨닫는다.

#목요일의 글쓰기
#독립출판

그러고보니-

혼자서만 그리던 그림을 찍어 올렸던 순간.

처음으로 긴 글을 옮겨 올린 순간.

에라 모르겠다

처음으로 나에 대한 정의를 내려 선언한 순간까지.

女具人
문구인

내 안에 오래 보관하고 있던 무언가를 꺼내놓는 순간은 늘 불안하고 소심해지기 마련인데,

그럴 때마다 그 작은 응원들이 없었더라면 계속 해낼 수 있었을까 싶다.

재밌다.
계속해봐!

192

혼자서 일기장에
생각을 쓰는 것과 달리
소셜미디어 포스팅은
꽤 큰 용기를 요한다.

(적어도 내게는 그렇다.)

나의 세계를 깨고 나와
내가 만든 무대에 스스로를
세우려 한다.

포스팅

무대 앞에 누가 얼마나 있을지,
어떤 반응이 돌아올지 알 길은 없으나
계속해서 무대에 서고 신나게 공연하다 보면
언젠가는 나에게 공감해주는 관객을 만날 수
있다고 믿기 때문이다.

내가 소셜미디어를
계속하는 이유.

제가
오늘 선보일
생각은요!

요즘엔 나를 소개할 때 상황에 따라 다른 표현을 사용한다. 일로 소개할 때는 '마케터'로, 개인 활동으로 소개하고 싶을 때는 '기록하는 사람'으로, 자유롭게 소개하고 싶을 땐 '인스타그래머, 블로거, 유튜버'라고 한다. 이렇게 다양한 캐릭터로 나를 소개하게 된 데에는 소셜 미디어의 역할이 컸다.

나는 자타공인 소셜 미디어 중독자다. 아침에 일어나자마자 페이스북을 켜서 시사와 이슈를 확인하고, 블로그에 나의 일상을 시시때때로 기록한다. 인스타그램으로 주변 사람들의 안부와 일상을 확인하고, 나 역시 하루하루의 단상을 남긴다. 소셜 미디어에 일기 같은 기록을 남기기 시작한 것은 14년 전 서울에 있는 회사로 이직한 후 새로운 마음으로 출근 기록을 기록해두고 싶어서였다. 나고 자란 대전에서 서울로 올라온 데다 직종을 바꾸고 하는 일도 완전히 달라져서 모든 것이 다시 '0'에서 시작되는 기분이 들었다. 지난 회사에서의 어리숙함, 부족함을 지우고, 새롭게 주어진 인생 2막만큼은 잘 꿰어내고 싶었다. 그래서 '#우아한출근'이라는 해시태그와 함께 출근을 기록하기 시작한 것이다. 어떤 날은 회사로 향하는 발을 찍어 올리기도 하고, 출근길의 석촌호수 풍경을 찍어 올리기도 했다. 그저 출근을 기념하며 출근의 무게를 조금이라도 덜어보려는 의도였는데, 이내 구성원들 사이에 입소문이 퍼져 "승희 님, 인스타그램으로 출근 기록 잘 보고 있어요" 하는 친근한 인사를 받게 되었다. 덕분에 일로 만날 일 없는 다른 부서의 사람들과도 쉽게 가까워졌다. 처음에는 팔로워도 그다지 없고 혼자 보는 개인 일기장 같은 공간이었는데, 감사하게도 다수의 사람들에게 닿아 경험을 공유하는 공간으로 확장되었다. 그게 지금의 '영감 노트(@ins.note로 운영되는 나의 인스타그램 계정 중 하나)'다.

소셜 미디어는 마케터라는 직업의 생리와 업무와도 긴밀하게 연결되어 있다. 사람들이 모인 곳에서 커뮤니케이션을 해야 하는 마케터에게 소셜 미디어는 전략적인 요충지다. 대중의 의견을 실시간으로 파악할 수 있는 데다가 적극적으로 다가가 소비자와 교감할 수도 있는 공간이기 때문이다. 오프라인의 인간 관계에서처럼 온라인상에서도 일방적으로 정보를 전달하는 것보다 듣는 것, 즉 '소셜 리스닝(Social Listening)'의 기술이 필요하다. 소셜 미디어 이용자가 언급한 '날것'의 정보들을 빠르고 광범위하게 감지하고 그에 대한 적절한 반응을 하거나, 사전에 적절한 메시지를 설계하여 적절한 채널을 통해 소통하기 위해서는 잘 듣는 것부터 시작해야 한다.

사람들의 의견, 생각, 경험, 관심사 등을 관찰하기 위해 오늘도 소셜 미디어에서 논다. 일하듯이 들여다보고, 놀듯이 소통한다. 하나의 호기심을 열면 또 하나의 호기심으로 연결되고, 알고리즘은 나와 취향이 비슷한 이들과 브랜드로 데려간다. 그로 인해 더욱 단단해진 가치관도 있다. 환경, 음식, 동물, 어린이를 대하는 태도 같은 것들이다.

나는 스마트폰 하나로 얼마나 많은 일을 할 수 있는지 더 많은 이들에게 보여주고 싶다. 규림과 함께 아무것도 하지 않겠다고 선언한 '두낫띵 클럽' 프로젝트를 할 때 우리와 생각을 같이하는 이들이 온라인에서 오프라인까지 이어지는 것을 보며 더 광범위하게 연결될 수 있다는 가능성을 보았다. 그뿐 아니라 '영감 노트' 계정에 올린 콘텐츠가 누군가에게 생각 소스가 되었다는 디엠을 받을 때마다 나는 이 소셜 미디어를 더 잘해보고 싶다고 생각했다.

"창의성이란, 관계 없어 보이는 것을 연결하는 것이다"라는 말을 좋아한다. 디지털 시대에 기술을 나의 편으로 만들어 넓고 깊게 연결 짓고 맥락을 만들어나간다. 그렇게 잇다보면 익숙한 것도 새로운 것이 될 테니까.

사람들의 의견, 생각, 경험,
관심사 등을 관찰하기 위해
오늘도 소셜 미디어에서 논다.
일하듯이 들여다보고,
놀듯이 소통한다.

스
크
린
타
임

진짜 세상을

얼마나

경험하고 있나요?

꿀 멀티플레이가 잘
안 되는 나의 두뇌.

늘 '비접속'이었다.

NO WIFI

(노 다이따이 홀)

하지만 그러기엔
너무나 다채롭고
재미있는
접속의 세계.

HOT
COOL
New

정신없이 놀다 보면
어느새...

ㅋㅋㅋ

스크린 타임
5시간

웃?

아침에 일어나자마자 가장 먼저 핸드폰을 확인한다. 인스타그램과 페이스북을 열고 지난밤에 무슨 일이 있었는지 온라인 순회를 한 바퀴 돈 후, 메일함에서 뉴스레터를 확인하고 포털에서 뉴스를 읽고 나서야 물을 마시기 위해 일어난다. 하지만 이내 핸드폰을 찾는다. 화장실에서도, 엘리베이터에서도 집 앞에 분리수거를 하러 갈 때에도 핸드폰은 친구가 된다. 15층에서 1층까지 내려가는 그 시간이 왜 그렇게 지루한지, 핸드폰을 꺼내지 않으면 금세 답답해진다.

얼마 전 〈소셜 딜레마〉라는 다큐멘터리 영화에서 페이스북, 트위터, 구글, 유튜브의 전·현직 종사자들이 우리의 몸과 마음이 소셜 미디어에 완전히 지배당할 수도 있다고 경고하는 인터뷰를 본 날, 섬뜩한 마음에 스마트폰 스크린 타임을 체크해보았는데 기함할 노릇이었다. 하루 사용 시간 10시간도 기가 막힌데 그중 인스타그램을 하는 시간만 6시간이었다. 6분 같았는데 6시간이라니!

물론 그 시간이 전적으로 유해한 것만은 아니다. 소셜 미디어로 사람들을 만나고 다양한 활동을 펼치는 등 순기능을 십분 활용하고 있다. 반면 멀쩡한 멘털도 삽시간에 흔들리는 역기능을 경험하기도 한다. 왜 내 피드에는 그리 대단하고 멋진 사람들만 존재하는지. 2주 만에 10킬로그램을 뺀 사람부터 분명 책을 낸 지 얼마 안 된 것 같은데 벌써 두 번째 책을 쓰는 사람, 매일 저녁 꼬박꼬박 10킬로미터씩 달리는 사람, 전국의 멋진 카페들을 도장 깨듯 섭렵하는 사람까지. 회사를 다닐 때는 나 빼고 다 좋은 데 놀러 가 있는 것 같아서 인스타그램을 지운 적도 있다.

그러던 어느 날 유튜브에서 티키틱의 〈네 인생은 편집본, 내 삶은 원본〉이라는 영상을 봤다. 소셜 미디어를 보면 남들은 좋은 집에서 살고, 연애도 하면서 즐겁게 살아가는 것 같은데 내 삶은 마치 편집되지 않아 지겹게 흘러가는 1인칭 CCTV 같다는 내용을 위트 있게 노래한 영상이었다. 제목에 끌려 클릭했는데 노래가 너무 좋아서 계속 듣다가 끝날 때쯤엔 뭔지 모를 위로를 받았다. 영상 하단에는 이런 댓글이 달려 있었다.

"우리는 우리의 비하인드 신과 누군가의 하이라이트 신을 비교한다."

역경을 딛고 드라마틱하게 성공하는 스토리는 어쩌면 편집된 하이라이트일지 모른다. 편집되지 않은 삶의 원본에는 다 담기 어려울 만큼 지루하고 지난한 과정이 담겨 있을 것이다. 그 사실을 잘 알면서도 나는 또 누군가의 화려한 편집본을 보며 부러워할 것이다. 아, 가끔은 누가 내 인생 좀 편집해줬으면 좋겠다 하면서. 3개월 만에 영어를 독파하는 사람이 되었다가, 앉은 자리에서 책 한 권을 멋지게 써내는 천재적인 작가도 되었다가, 한 달 만에 다이어트는 물론 복근까지 만드는 사람으로 편집되면 어떨까. 오, 상상만 해도 즐겁다. 하지만 안타깝게도 절대 누군가가 편집해줄 수 없는 내 원본 인생에서는 정직한 시간만 흐른다.

내가 할 수 있는 일은 누군가에게 멋져 보이려 애쓰거나 무언가를 빠르게 이루려 조급해하지 말고 한 걸음씩 정진하는 것뿐. 원본 자체로 매력 있는 영상처럼 그 자체로 의미 있는 하루

하루를 만들어내면 되는 것이다. 내 마음이 편해지는 더 빠른 방법은 편집된 남의 인생을 들여다보는 시간을 줄여버리는 것이다. 그래, 일단 스크린 타임을 4시간으로 줄이고 그 안에서 좋아하는 소셜 미디어를 효과적으로 즐기자.

그리고 보면 세상엔 놀라운 게
참 많은데 화면 안에서만
놀라움을 찾고 있었던 건
아닌지.

영
감

영감을
잘
소화하고 있나요?

여감
inspiration

이 라는 단어가 가진
특유의 목직함이 있다.

작품 활동에 있어
영감은 어디에서
받으시나요?

저는 위면 시작.

거장이나 대가에게
자주 던져지는
질문이라서일까.

하지만 우리는 영감을
매일같이 마주친다.

오, 영감~

와! 영감~

진짜
영감이다,
그치?!

너희는 정말
별걸 다 영감이네.

사실 나는 그 말이 참 좋았다.
어디에나 있는 영감을
어디서든 잡을 수 있다는 뜻이니까.
작은 영감을 발견하는 기쁨을
매일같이 누리며
살고 싶다.

잡아라!

영감

내게 영감을 주는 것들.

- 매일 아침 와 있는 광고 메일의 제목들.
- 가업을 이어받은 2세대, 3세대의 인터뷰
- 서점 베스트셀러 코너의 북커버들
- 요즘 잘 팔리는 제품들의 상세페이지
- 음식점의 세심한 디테일들
- 오래된 간판의 색깔과 구성
- 좋아하는 아티스트들의 인스타그램 게시물
- 여기저기 내가 써놓은 일기들
- 존경하는 작가들의 초기작
- 알 수 없는 알고리즘이 이끈 콘텐츠들
- 계절 따라 바뀌는 서울의 풍경
- 친구의 촌철살인 한마디
- 친구와의 시시껄렁한 대화들

- 각종 서바이벌 프로그램
- 80.90년대 음악라 영상들
- 신조어와 유행어
- 가게 사장님들이 직접 써놓은 안내 문구들
- 내가 예전에 적어놓은 핸드폰 사진들
- 처음 들어보거나 익숙하지 않은 단어라 표현
- 의심라 질문
- 책상 앞에서의 고요한 시간들
- 오랜 시간을 함께한 물건
- 편의점 신메뉴라 신상품
- 좋은 것이 더 좋은지 생각해보는 시간
- 매일 저녁 한강 가는 길
- 밑줄 치고 싶은 아름다운 문장들
- 그리고... 매주 나를 기다리는 마감

누군가 영감의 가장 큰 원천은 마감이라고 했다던데...

최근 판교에 있는 한 이탈리안 음식점에서 충격적으로 맛있는 요리를 먹었는데, 나는 '아~ 맛있다' 정도밖에 표현을 하지 못하는 데 비해 지인들은 이탈리아와 스페인의 역사는 물론 음식 문화까지 줄줄이 읊는 것이었다. 그 이야기를 곁들여 미식을 즐기니 한층 더 맛을 끌어올려주는 느낌이 들었다. 같은 것을 누려도 느끼고 표현하는 것에 차이가 있다는 것을 느낀 날이었다. 이런 적도 있다. 픽사에서 나온 영화 <소울(soul)>을 보고, '와, 재밌는 영화였다'라는 한마디로 감상평을 이야기하는 나와 달리 영화 평론가 이동진 님은 두 시간 넘게 영화 한 편을 리뷰하는 것이다. 같은 작품을 보았는데 얻어가는 영감의 질과 양이 달랐다.

어떤 차이였을까?

나는 어떻게 해야 할까?

   친구가 이런 말을 한 적이 있다. 그냥 열심히만 하면 안 된다고. 내가 왜 열심히 하고자 하는지 방향성을 잡고 공부를 하면서 열심히 해야 한다고 말이다. 그냥 열심히만 하는 사람은 이상한 괴물이 되어가는 것 같다고도 했다. 나는 어쩌면 영감만 수집하는 괴물이 되어가고 있는 것이 아닐까.

   매력적인 아이디어를 기획해야 하는 마케터라는 직업의 특성상 최대한 많은 자원을 두고 활용할 수 있도록 일상에서 영감을 받으려 부단히 애쓰고 있다. 지하철 스크린 도어에 적힌 시, 방수·철거 트럭의 홍보 문구, 광화문 건물에 내걸린 글귀, 친구와의 대화, 우산 꽂이의 디자인까지 나는 그냥 지나치지 못했다. 나에게 영감을 주는 건 이토록 사소했다. 나는 영감은 '별것'에서 나온다고 믿기 때문에 작은 것들이 들려주는 이야기가 좋았다. 마케터가 요리사라면 일상의 경험은 요리의 재료, 즉 콘텐츠의 소스가 된다. 그것들을 잘 기록해두었다가 거기서 엄선한 재료로 요리를 하는 것이 마케터의 일이었다. 일의 측면이 아니더라도 매일같이 영감을 발견하고 기록한 뒤에 들여다보면 내 인생마저 반짝이는 기분이 들었다.

하지만 영감을 받는다고 창의력이 단번에 생기지 않는다. 영감을 받은 것을 어떻게 소화하고 얼마만큼 내 것으로 만들어내느냐가 특별한 크리에이티브로 이어지는 가능성을 결정한다. 요즘은 단순히 영감을 많이 받는다고 될 일이 아니라는 것을 깨닫고 있다. (영감을 많이 받는 것 자체도 쉽진 않지만.)

영감도 아는 만큼 받아갈 수 있다. 토양이 척박하면 아무리 좋은 햇빛과 물을 쏟아붓는다 한들 씨앗은 꽃을 피우지 못한다. 더욱 더 많이, 양질의 영감을 가져가려면 공부를 해야 한다. 방향성을 잡고 깊게 공부하며 내 것으로 소화한 영감은 '감각'으로 발전될 수 있다. 일본 츠타야 서점의 CEO 마스다 무네아키는 한 인터뷰에서 감각의 중요성에 대해 말한 적이 있다.

"감각이라는 건 결국 좋은 것을 고르는 것이거든요. 다양한 선택지를 경험해본 사람이 '이것이 좋다'고 고르는 것과, 아무것도 모르는 사람이 고르는 것은 질이 전혀 다릅니다." •

한때는 어린아이의 눈으로 일상 속에서 영감을 받으려고 노력했다면 이제는 열심히 수집한 멋진 영감들을 남다른 감각으로 바꾸기 위해 공부하고 있다.

• 마스다 무네아키, 트렌드 구독 서비스 《롱블랙》 '개인의 시대, 기획자는 자유로워져야 한다' 중에서

내가 정한 올해의 문장 중 하나가 작가 정채봉 선생님의 『첫마음』(샘터)에 나온 "날마다 새로우며, 깊어지며, 넓어진다"라는 말이다. 영감을 발견만 하는 데 치중하다 보니 스스로 성장하고 확장해가는 데 부족함을 많이 느낀다. 이제는 새로운 것을 발견하는 눈과 함께, 깊어지고 넓어지고 싶다. 영감을 소화하는 능력이 발전하면 영감을 수집하는 사람에서 누군가에게 영감을 주는 사람, 영감이 되는 사람이 될 수 있겠지.

인용 도서 ··

1장. 일하듯이 놀기

· 박해영, <나의 해방일지> 중에서, 16p
· 정혜윤, 『오늘도 리추얼 : 음악, 나에게 선물하는 시간』, 위즈덤하우스, 2021, 19p
· 팀 페리스, 박선령·정지현 역, 『타이탄의 도구들』, 토네이도, 2018, 20p
· 크리스토프 니먼, 신현림 역, 『오늘이 마감입니다만』, 윌북, 2017, 46p
· 김영하, 유튜브 채널 <LIFEPLUS>, '소설 쓰기를 위해 내가 하는 것들' 중에서, 47p
· 김동조, 『모두 같은 달을 보지만 서로 다른 꿈을 꾼다』, 아웃사이트, 2020, 59p
· 박혜윤, 『숲속의 자본주의자』, 다산초당, 2021, 78p
· 안상순, 『우리말 어감사전』, 유유, 2021, 86p
· 구인환, 『고교생을 위한 국어 용어사전』, 신원문화사, 2006, 110p

2장. 놀듯이 일하기

· 패티 스미스, 김선형 역, 『몰입』, 마음산책, 2018, 148p
· 앰비 버풋, 선주성 역, 『달리기가 가르쳐준 15가지 삶의 즐거움』, 궁리출판, 2003, 153p
· 강원대 간호대 박현주 교수님 교수팀, 《덕질 활동 여부에 따른 대학생의 행복감 비교
연구》, 2020, 158p
· 슈가, 글로벌 팬덤 라이프 플랫폼 위버스(Weverse) 인터뷰 중에서, 2022, 160p
· 김도영, 『기획자의 독서』, 위즈덤하우스, 2021, 166p
· 김연수, 『언젠가, 아마도』, 컬처그라퍼, 2018, 174p
· 장인성, 『마케터의 일』, 북스톤, 2018, 188p
· 마쓰우라 야타로, 최윤영 역, 『좋은 감각은 필요합니다』, 인디고(글담), 2020, 190p
· 마스다 무네아키, 트렌드 구독 서비스 《롱블랙》 '개인의 시대, 기획자는 자유로워져야 한다'
중에서, 215p
· 정채봉, 『첫 마음』, 샘터, 2020, 216p

일놀놀일

초판 1쇄 발행 2022년 11월 14일
초판 4쇄 발행 2024년 9월 2일

지은이 김규림 이승희

발행인 이봉주 **단행본사업본부장** 신동해
편집장 조한나 **기획책임편집** 조한나 **교정교열** 심슬기
표지디자인 모빌스그룹 **본문디자인** 정인호
마케팅 최혜진 이인국 **홍보** 반여진 **제작** 정석훈

브랜드 웅진지식하우스
주소 경기도 파주시 회동길 20
문의전화 031-956-7211(편집) 031-956-7089(마케팅)
홈페이지 www.wjbooks.co.kr
인스타그램 www.instagram.com/woongjin_readers
페이스북 www.facebook.com/woongjinreaders
블로그 blog.naver.com/wj_booking

발행처 ㈜웅진씽크빅
출판신고 1980년 3월 29일 제406-2007-000046호

ⓒ 김규림, 이승희 2022
ISBN 978-89-01-26650-3 03320